秦兵马俑

李凯军　关晖 ◎ 主编

长江出版传媒　长江文艺出版社

图书在版编目（CIP）数据

秦兵马俑 / 李凯军，关晖主编. -- 武汉：长江文艺出版社，2024.6
ISBN 978-7-5702-3637-4

Ⅰ.①秦… Ⅱ.①李… ②关… Ⅲ.①名胜古迹—中国—少儿读物 Ⅳ.①K928.7-49

中国国家版本馆 CIP 数据核字（2024）第 104562 号

秦兵马俑
QIN BINGMAYONG

责任编辑：钱梦洁	责任校对：毛季慧
封面设计：一壹图书	责任印制：邱 莉 胡丽平

出版：
地址： 武汉市雄楚大街 268 号　　邮编：430070
发行： 长江文艺出版社
http://www.cjlap.com
印刷： 武汉鑫兢诚印刷有限公司

开本：640 毫米×970 毫米　　1/16　印张：9　　插页：4 页
版次：2024 年 6 月第 1 版　　2024 年 6 月第 1 次印刷
字数：70 千字

定价：25.00 元

版权所有，盗版必究（举报电话：027—87679308　87679310）
（图书出现印装问题，本社负责调换）

● 秦始皇陵兵马俑

● 承德避暑山庄水心榭

● 武夷山茶园风光

● 莫高窟九色鹿壁画

● 龙门石窟夜景风光

目录

001　秦始皇陵及兵马俑（上）

011　秦始皇陵及兵马俑（中）

024　秦始皇陵及兵马俑（下）

037　周口店北京人遗址

048　殷墟

060　承德避暑山庄及周围寺庙

073　孔庙、孔林、孔府

085　武夷山

096　莫高窟（上）

107　莫高窟（下）

118　龙门石窟

130　庐山国家公园

秦始皇陵及兵马俑（上）

秦始皇陵是世界上规模最大、结构最奇特、内涵最丰富的帝王陵墓之一。秦始皇陵兵马俑是可以同埃及金字塔和古希腊雕塑相媲美的世界人类文化的宝贵财富，而它的发现本身就是20世纪中国最壮观的考古成就。它们充分展现了2000多年前中国人民巧夺天工的艺术才能，是中华民族的骄傲和宝贵财富。

公元前210年的一天，中国历史上伟大的皇帝——秦始皇，又一次开始了他巡游中国大地的旅程。每隔一段时间，他都要离开都城咸阳，出去看看这块被他征服的土地。这已经是他第五次出巡，然而这一次出巡却并非志得意满。

秦始皇在途中一病不起。最终在沙丘平台（位于今河北广宗西北）去世，使中国得到统一的王者的人生历程结束了。

虽然秦始皇无比留恋那叱咤风云、号令天下的英雄时代，不甘心离开他一手缔造的帝国以及尘世间的荣华富贵，但他却无法抗拒死亡的召唤。

他带着遗憾离开了人世。然而就在这深深的遗憾中，他也有一丝欣慰，因为，他已为自己在冥界打造了一个同样辉煌的帝国。

1974年3月25日，陕西省临潼区骊山脚下的西杨村村口，几个村民正在打井。

镢头下挖出了几个残破的陶制人头及众多断腿残臂的碎陶片。面对这些残缺的陶质躯体，大家议

秦始皇陵全景

论纷纷，有的说像是"瓦神爷"，可能挖到瓦神庙了。

临潼区的文管员对已经出土的陶俑残片进行拼对和修复，复原出了两件基本完整的武士俑。这两件俑和真人一样高大，如此大的陶俑在中国境内是首次被发现。

发现陶俑的西杨村向西不远，坐落着举世闻名的陵墓——秦始皇陵。

它像一座巍峨的山丘，北依骊山，俯视渭河，即使在经历了两千年沧桑之后仍然雄姿不改。这座陵墓下面，埋葬着中国历史上伟大的皇帝——秦始皇。

在秦陵附近发现的这些陶俑，从身上的装束看，正是秦代的武士，他们极有可能和秦始皇陵有关。

为了彻底弄清这批俑的真实面目，国家文物局决定，对发现陶俑的地方进行正式发掘。

在挖掘过程中，考古人员从泥土中又发现了大量的青铜兵器。仔细清理以后，兵器表面上显露出一些文字。

在其中一只戈上，写着"五年相邦吕不韦造"。吕不韦是秦始皇的丞相，他的职责之一就是负责秦国的兵器生产。毫无疑问，这些兵器都是在秦始皇时期铸造的，而使用这些兵器的陶俑也应该是秦俑，他们是秦始皇陵的陪葬品。

这些陶俑的面世揭开了一个埋葬在地下的秘密世界,那正是秦始皇当年为自己打造的另一个辉煌的帝国。

1974年7月15日,考古队进驻西杨村,发掘工作开始了。

经过一年的发掘,一座巨大的兵马俑坑被揭开,饱受20多个世纪黑暗挤压之苦的数千件兵马俑和数十辆战车面世了。

尽管兵马俑历经了2000多年的沧桑岁月,变得残缺不全,但其庞大的整体阵容,仍不失浩浩荡荡的威势,一股叱咤风云、驰骋疆场的气势扑面而来。

坑中最前端横排三列共计204件武士俑,他们中除三个头戴长冠的将军俑外,其余均是身着战袍、手执弓箭的军卒。这是一支攻击型的部队,其战法必定是在战斗开始的瞬间万箭齐发,迫使敌军防守乱阵。而后续的38路大军乘机源源冲击,形成白刃格斗、斩将擒敌的形势。在大军中间的特定位置上,战车上站有手握青铜宝剑的将军予以指挥,从而形成一个方阵的主体布局。

位于军阵南北两旁的武士俑,身披重铠,手执劲弩,面向军阵两侧呈出击状,这当是整个方阵中的"两翼"。在俑群的后部,有三排锐士做横队排列,背对大军,这便是方阵的"卫"。两翼和卫的作用在于防止敌人侧面截击或包抄后路,保障自己军队的战斗行动不受敌人的夹击,达到保存自己、消灭敌人的战略目的。

这个俑坑被命名为一号坑,它代表了一个典型的方阵格局。阵中的车马和武士俑背西面东,向世人显示了整个俑群具备的锋、翼、卫、本这几个在

兵马俑一号坑局部

方阵中不可或缺的组成部分。

中国自古以来讲究"事死如事生",认为人死后会有一个幽冥的世界,如果把生前的一切带到地下,他在冥界的生活会与生前一样。

作为至高无上的皇帝,秦始皇深知军队是巩固帝国的重要支柱,因此,要在地下建立强大的冥界帝国,军队是最重要的角色。

因此,秦始皇兵把一支所向披靡的大军,完整地复制在了他的地下帝国中。

1997年4月17日上午,在下陈村工地钻探的考古人员突然发现了一大片石质甲片。经过仔细清理,发现这些甲片原来是用铜丝连起来的青石铠甲,其甲衣形制与秦俑坑陶质武士俑的甲衣基本相似。在两个不大的探方内,先后发现了70余件石质铠甲。

铠甲从外观看可分为三类:鱼鳞甲、札甲和特大型甲。鱼鳞甲类似兵马俑坑中将军俑身穿的那种,甲片加工精细,细如鱼鳞,因此得名。札甲由长方形或近方形甲片组成,约占出土铠甲总量的97%,这是秦代武士常穿的铠甲。还有一种是马甲,即给马做的铠甲,让马从颈部到尾部都能得到保护。

石铠甲虽然制作工艺高超,造型精美,但如果穿在身上,显然太重,而且太脆。因此它并非实用作战装备，也是为秦始皇帝陪葬的冥器。

兵马俑是始皇帝地下帝国的强大军团，而石甲坑正是这个军团的武备库。秦始皇不仅为冥界帝国建立了军队，连后勤物资也都想到了。

公元前233年，数十万秦国大军攻入韩国，摧枯拉朽般拿下了韩国的都城，把韩国的领土变成了秦国的一部分。

将对自己政权的威胁都清除后，秦始皇便开始对东方的六国采取军事行动。

从公元770年开始，中国的大地上一直同时存在着多个国家。到秦始皇时期，有齐、楚、燕、韩、赵、魏、秦七个主要的国家并存，秦始皇统治着其中国力最强大的秦国。雄心勃勃的秦始皇决心结束这种大分裂的局面，统一中国。

公元前221年，秦国的大军占领了齐国。至此，秦始皇用整整十年的时间，灭掉了其他六国，在中国的大地上，建立了一个统一的强大帝国。

1976年4月，考古队对二号兵马俑坑进行了发掘。

与一号坑不同的是，二号坑的兵马俑明显地分隔成四个不同形状的军阵布局。

第一个空间是由334件弩兵组成的方形集团。

第二个空间为64乘轻车组成的方形队。

第三个空间是由19乘重型战车和百余件随车步兵组成的长方形劲垒。

第四个空间则是由6乘战车和124件骑兵组成的快速、迅疾的杀伤力量。

尽管二号坑中的四个军事集团不能单独成阵，但是他们一旦得以组合，就会形成了一个具有强大杀伤力和攻击效能的曲形阵。

1977年3月，考古人员对三号兵马俑坑进行了挖掘。

三号俑坑的南边有一个较大的房间，考古人员把它命名为南厢房，通过对发现的帐钩等饰件的分析，可以断定这是一个休息的地方。

北边有一个同样的北厢房，排列着22件武士俑。坑中的车马房中有彩绘木质战车一乘，战车上有4件陶俑。

这个俑坑是做什么用的呢？考古人员推测，这应该是兵马俑军阵的指挥所。

南北厢房可能是军事将领研究制订作战方案的地方。这辆战车可能是指挥者的专车，用来观察战场局势。

三号坑位于整个战阵布局的西北方向，这个指挥机关位置的选择，既有利于将领研究制订严密的作战方案，又便于观敌布阵、知己知彼。更为重要的是，这里避开了整个军阵的正面，一旦开战，指挥将领的人身安全就有了保障。

秦始皇兵马俑的出土，让现代的人们看到了他当年是凭借一支怎样的军队征服了其他六国，而且

跪射俑

让人们窥测到了秦军当年深刻的军事战略和军事思想的脉络。秦俑坑的军阵布局和兵种排列，隐现着一种军阵和兵种配置随战场情况变化而变化的迹象。

可以想象的是，战争一经开始，阵前的弓弩手先开弓放矢，以发挥其穿坚摧锐的威力；一号坑的步兵主力乘机向前推进；二号坑的骑兵与车兵避开敌军正面，以迅猛的特长袭击敌军侧翼。一号坑步兵主力在接敌的同时将队形展开，和车骑兵种共同将敌包围，致使敌军呈困兽之状，从而达到歼灭的目的。

千古一帝的秦始皇正是利用这样一支所向披靡的大军和划时代的军事战略、战术思想，血荡中原，席卷天下，统一了中国。

兵马俑群面向东方，这正是被秦始皇灭掉的六国所在的方向。如果六国的君主在冥界反抗秦国，这些军队，将用来镇压敌军。

秦始皇的冥界帝国，固若金汤。

秦始皇陵及兵马俑（中）

黑夫和惊就是秦军中的两名普通士兵。1975年，在湖北省云梦县的一个墓葬中，发现了当年他们写给家里的两封书信。

惊在信中提到了很多人，让他最挂念的是他新婚的妻子。

惊还向家中要钱和衣服，并且显得十分着急。他说，如果母亲不快点寄钱的话，他的命很可能保不住。因为钱不够用了，他向一个叫垣柏的人借了钱，债主正在追账。

黑夫在信中问候姐姐和其他一些人，但惦记最多的人还是自己的母亲，一再嘱咐哥哥衷要照顾好母亲。弟弟在外打仗，哥哥衷在家里奉养母亲。

黑夫希望母亲把夏天穿的衣服寄来，越快越好。如果家那边布贵的话，就多寄些钱，他自己买布做夏衣。

十年统一战争时,秦始皇调动了大约 100 万的士兵,当时秦国的人口大约是 500 多万,5 个秦人当中就有一个士兵。

兵马俑坑中,众多的兵俑个性鲜明、栩栩如生,所有陶俑面目无一雷同。他们平均身高一米八左右,精干魁梧,庄严肃穆。就数量最多的武士俑而言,以年龄区分,有稚气未脱的少年,也有满脸沧桑的老兵;以表情而言,有的面带微笑,有的愁容满脸;以民族而言,既有中原人士,也有边疆壮汉。总之,

兵马俑

每一个武士俑都透露出不同的身世、外表和心事。从他们的眼中，能看到的是幼稚和成熟的区别，看不到的是对死亡的恐惧——既然生为男儿，就要用生命去拼搏，赢得短暂的功名与荣华。

如果仔细观察，还会发现陶俑不但仔细塑造出发纹、指甲，甚至连不被人们注意的鞋底的针脚、铠甲的编缀方式、掌面上的生命线都一一刻划出来。

关于兵马俑的制造，有这样一个传说。统一战争结束后，秦始皇选出了最骁勇善战的将士，他给这些勇士的奖励是要把他们带入地下的帝国。这些士兵被直接糊上黄泥，送入窑中烧制。每一尊俑都是用鲜活的秦军士兵制作而成的。因此，他们才一尊尊个性鲜明、栩栩如生。

考古学家在秦俑中并没有发现骨骸，因此这种传说并没有得到证实。

但我们有理由相信，当年的工匠在制作这些俑的时候，他们一定复制的是某一位秦军士兵。也许在雕刻秦俑的时候，作为模特的黑夫或者惊就站在工匠的对面。

今天，面对这些秦俑，凝视着他们的面庞，我们似乎依然能感觉到他们两千多年前的呼吸，以及心脏的跳动。

秦始皇用武力平定天下之后，为了将大权集于一身，对中央政治体制进行了改革。皇帝之下是三公九卿：三公是丞相、太尉和御史大夫。丞相是最高行政长官，辅助皇帝处理政务，同时负责对文武百官的管理。太尉则是最高的军政长官，负责军事事务，但他平时没有军权，战时也要听从皇帝的命令，而且要有皇帝的符节才能调动军队，军权实际上也是掌握在皇帝手中。御史大夫是负责监察百官的，也是副丞相，皇帝的诏令一般由御史大夫转交给丞相去执行。

三公的下面是九卿，负责各项具体事务。

新建立的官署，很好地担负起了管理庞大秦帝国的职责。

2001年9月22日，在秦陵附近又发现了一个陪葬坑。

考古人员发现这12尊陶俑均戴有长冠，有的陶俑腰带上还佩挂着环首陶削，以及长条扁平状的小囊。对于佩挂的陶削，考古人员判断属于一种古代文具，应该是刮削简牍用的书刀——秦时的字是写在竹片上的，如果写错了，可以用小刀刮掉后重写。

陶俑身上的囊中之物，可能就是扁平的石块，它与削相配，作为文具只能是砥石——砥石为磨刀之具。

专家推测，这些陶俑应属一定级别的文职官员。

文官们的面部表情呈现出他们作为高官的自信和恭谨。他们面带微笑，但又必须时刻注意、低眉顺眼，以表示对皇威的畏惧和恭敬。

文官俑坑的人与物的布置和摆放情况，很像秦始皇中央官署的样子。众多的陶俑面向北站立，他们的北面正是秦始皇陵墓封土的方向，封土之下便是秦始皇帝。这意味着帝王南面而王，臣子北向而朝拜。

秦始皇把秦国政府的官署带到了地下，让他们继续管理他的冥界帝国。

统一中国后，秦始皇最喜爱的事情就是巡视全国。

帝王出巡时乘坐的车驾，天下人都能看得见，最能展现自己的威风和气势。因此，秦始皇为自己准备了非常盛大的车队。秦始皇最高规格的仪仗，是由81辆车组成的车队。

出巡时，秦始皇乘坐由6匹马并驾齐驱的"金银车"，文武百官、近侍宠臣、皇后嫔妃、王子公主随行。马匹雄健，军士威武，车马上的金银饰品熠熠闪光。车马浩浩荡荡、威风凛凛，旗幡遮天蔽日，整个车队从头一眼看不到尾。

当秦始皇的车队经过徐州的沛县时，一名站在路旁观望的男子看到如此震撼的气势，忍不住脱口而出："大丈夫生当如此！"这名男子正是若干年后推翻了秦帝国的汉高祖刘邦，秦始皇的车驾给他留下了极其深刻的印象。

1980年10月3日，考古专家程学华拿起探铲伸入地下。当一块金丝灯笼穗出现在眼前时，他"啊"了一声，蹲着的身子像被击了一棒，瘫坐在地上。

这块光彩照人的金丝灯笼穗证实了，在7米深的地下，暗藏着稀世珍宝——秦始皇铜车马。

这组铜车马为20世纪世界考古界发现的最大青铜器，总重量达1243公斤，其形制相当于真马真车的一半。如此装饰豪华、完整齐全的古代青铜车马，在世界上是首次发现。它那无与伦比的工艺技术和高超的冶金铸造水平，为同代任何青铜器物所无法匹敌。

专家们通过考证并达成共识，一号车为古代的立车，驭手和乘人都站在车上；二号车为安车，驭手坐在前驭室，乘人坐在后部的主室。从车顶和车

一号铜马车

二号铜马车

内的装饰推断,安车应当是秦国高级臣僚所乘之车。

也就是说,这两乘铜车只不过是秦始皇陵中整个车队的一部分,尚有大量的车马没有出土。从某种意义上说,这只是秦始皇当年出巡车队中的一组,并不是秦始皇本人所乘之车。秦始皇乘坐的车,比这两辆要豪华多了。

秦始皇把整个车驾也带到了冥界帝国中,他在另一个世界中,依然要威风凛凛地出巡。

秦始皇曾认为只要掌握了绝对权力,就会成为一个天地间最自由的人。然而,他发觉自己错了。他感到自己已经成了绝对权力的奴隶:绝对权力严令他夜以继日地工作,严令他千方百计地去控制狡猾的官僚,严令他不断严刑酷罚去镇压民众的反抗。为此,他耗尽了精力。他能体会到的满足和快乐越来越少,剩下的只有孤独和寂寞。

为了排解寂寞,秦始皇开始大规模营造宫殿。他认为宫殿不仅是享乐的场所,更是一种特殊身份的标志。天下最大的帝国,应该建造最辉煌的宫殿。

因此,他在首都咸阳大兴土木,模仿已经被灭掉的六国的建筑修建宏伟的宫殿群。秦始皇自己居住的咸阳宫位于中央,形成众星拱月之势。宫殿之中,珠玉珍宝,堆积如山;绫罗绸缎,仓库难容。

为了不让鳞次栉比的宫殿群显得过于冷落，秦始皇把从各国抢来的绝色美人安置其中，再配上钟鼓乐器，让歌舞、音乐的喧闹来削减皇帝的孤独。

然而，还有一个更可怕的威胁在迫近。

在咸阳宫中，尽管面对着凤阁龙楼，尽管观赏着玉树琼花，尽管美女如云，尽管鼓乐喧闹，却无法排解他心中不断增加的恐惧——死神的脚步声越来越近。

万能的皇权在万民面前威风凛凛，然而在死神面前，皇权不比小小的蝼蚁更强。

1999年5月，正是初夏季节，在秦始皇陵东南方向的内城之间，又发现了一个陪葬坑。经过试掘，出土了一批非常罕见的陶俑。这些造型奇特的陶俑，从装束和姿态看，都是秦陵地区从未出现过的一种新的形象。与秦陵兵马俑相比，这些俑透着一股鲜活灵动的气息，充满生命张力。这些陶俑是干什么的？为什么形象如此特殊？

考古学家从俑的造型、动态，推断他们应该是反映秦代宫廷娱乐竞技活动的百戏俑。

3号俑可能是百戏中举鼎的角色。

与百戏俑同时出土的，还有一只重达212千克的青铜大鼎。古代力士举鼎有号称千斤的,据说秦时一斤约为今天的250克,那么,千斤就是250千克,与出土的青铜大鼎的重量大体相当。因此,这只青铜大鼎极可能是当时壮士们举鼎时的工具。

5号俑应是百戏中的持竿者。

咸阳宫出土的壁画中如实反映了宫廷宴会上百戏表演的节目,其中有一幅表现的就是缘竿之戏。所谓缘竿之戏,就是一人举竿,一人爬竹竿。

当年秦宫廷中一定经常表演这类杂技节目,于是,秦始皇把娱乐项目也照搬到了陵墓中,让他在阴间的帝国中可以继续欣赏。

其实,秦始皇的地下帝国,在他成为秦国皇帝的第二年,即他十四岁时,就已经动工了。这是中国皇家的传统,皇帝即位后就开始修陵,直到去世。

天下一统后,秦始皇成为独一无二的皇帝,修陵的事就更加重要了。他委派丞相李斯主管这项工程,可见对修陵的重视程度。

秦始皇从全国各地强征70余万劳工,为自己修造去世后的地下帝国。工程夜以继日地进行着。秦始皇不止一次到此视察。当他缓缓步入这个寿终正寝后的必然居所,无论这里的工程多么巧夺天工,装饰和陈列多么极尽人间的奢华,都无法驱散这座森冷的坟墓向他袭来的恐怖。他那坚如磐石的意志在这座深幽的墓穴中土崩瓦解了。对于这位伟大的君主来说，死亡是对他最大的威胁，因为死亡将无情地否定他留恋的一切——他的追求，他的功业，他的荣耀……因此他要再次战斗，与死亡战斗。

1977年，在秦陵的西南部发现了一组陪葬坑。其中发现有踞坐俑，中间的一排土坑中有瓦棺，棺中是一堆兽骨。在瓦棺的一头，还有陶钵和铜环。这种情况说明，棺中放的是珍稀兽物，想必是秦始皇的宠物。铜环是珍兽的装饰品，踞坐俑是饲养珍兽的囿（yòu）人。

1976年冬天。在秦陵外城东面的上焦村以北，考古人员钻探出多个马厩坑。马厩坑中有陶坐俑，坑中还有马的骨骼，可见当初埋葬的也是活马。这些马当年一定都是秦始皇最喜爱的千里马。

与马和俑同时出土的还有许多工具和生活用品。

这种布置，并非随意地摆放，而是经过周密的思考：马需要吃草，所以有铁镰刀；马要喝水，所以有陶盆；马要吃夜草，晚上囿人起来喂马，少不了要点灯，所以有陶灯。

秦始皇对于生命的留恋是显而易见的，他把宠兽和宝马都带到了地下的帝国中。在地下，他也要显示帝王的尊贵。

2000年7月，秦始皇陵区又传来惊人的消息：秦陵东北角900米处的地方，又发现了一个陪葬坑。

经过发掘，出土了几十件青铜禽类文物。

出土水禽的地方还有一个水池。这些水禽非常整齐有规律地分布在水池两边的台地上，有的觅食，有的小憩，一只青铜仙鹤的嘴里还衔着一只青铜制成的小虫子。虽然动作各异，但头部都面向中间的水池。

稀有的青铜水禽，清澈见底的河水，总给人以

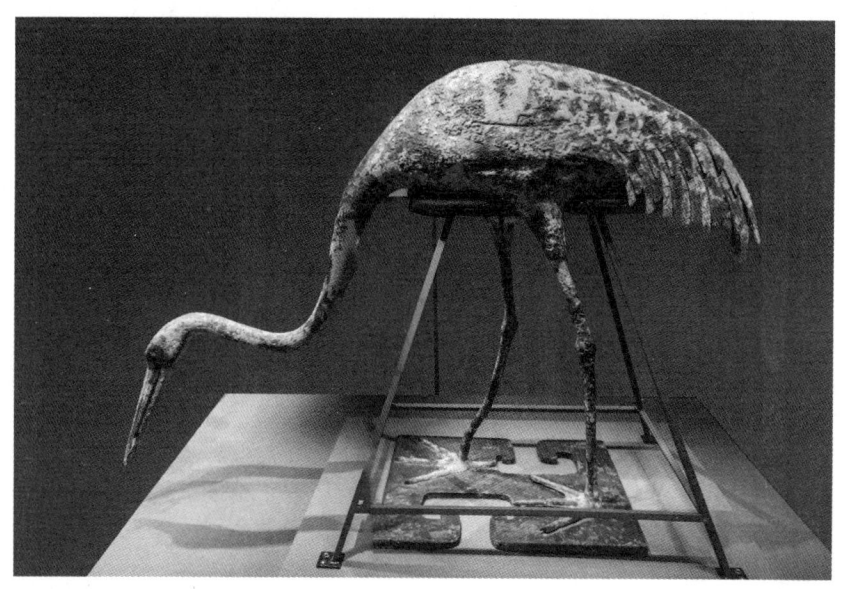

青铜仙鹤

神秘莫测的感觉。

为什么要摹仿水禽的生活场景？这个问题像磁石一样吸引着考古学家的视线。

在这个坑的另一处，出土大型陶俑15尊，其中一尊左手持一长形物件，似乎是乐器类物品。右手向下拨动乐器上的弦索，好像正在演奏乐器。另一尊右手中原来好像拿有一个长方形的物品。他们似乎是一组乐舞艺人。

有水，有禽，有乐舞表演，这是做什么呢？

这个陪葬坑绝对不是简单地表现养鸭子或养天鹅的场景。考古学家认为这个水禽坑，是为了祈求长寿。这里有仙鹤、天鹅等瑞鸟，还有乐人奏仙乐，营造了一种缥缈的仙界，让不灭的灵魂周游其中。

秦始皇编织的天国梦想，从人间又带到了地下。

秦始皇陵及兵马俑（下）

公元前的120年，即秦始皇三十一年，秦始皇开始了他的第五次出巡。为了能够永远握住手中的绝对权力，让自己能够长生不老，他要到东海的仙山中去寻找能够战胜死亡的灵药。

此次出巡，由小儿子胡亥、丞相李斯和中车府令赵高随行。途中，秦始皇重病不起。自感生命所剩无几后，秦始皇用皇帝玉玺封书命令驻守北疆的皇长子扶苏，与丧车相会于咸阳，主持葬事。

七月丙寅这一天，秦始皇在沙丘平台去世。这位使中国得到统一的皇帝的人生历程结束了。

丞相李斯决定秘不发丧。他将秦始皇的遗体放入一辆车中，放下车帏，令其他臣僚无法知道车内虚实，每日照常送饭递水。

在赵高的威逼和诱劝下，李斯被迫同意篡改秦始皇的遗诏，派使者赐剑给屯守北疆的公子扶苏，罗织罪状命他自杀，改立胡亥为皇帝。

为等待扶苏的死讯，车队故意绕道返回咸阳。漫长的旅途和酷日的炎热，使秦始皇的尸体腐烂变质，恶臭难闻。李斯、赵高命人买来几车鲍鱼带着。以鲍鱼之臭掩饰尸臭，使随行臣僚不致看出破绽。车队就要驶进咸阳时，扶苏自杀的消息传来。李斯、赵高这才公开秦始皇的死讯。

九月，秦始皇早已腐烂的遗体被草草葬于骊山陵中。辉煌一世的秦始皇，就这样凄惨地进入了自己精心打造的冥界帝国。

十月戊寅日，胡亥正式宣告自己继承帝位。这便是秦二世。

胡亥是以非法手段取得帝位的。因为皇位本该由长子继承，胡亥是秦始皇的第十八个孩子，所以，哥哥们都有资格同他争夺帝位。这是胡亥的心病。于是，秦公子12人在咸阳被杀死，10位公主被碎尸。

公子高曾准备逃跑，又担心家属受到残害，于是上书请求从葬骊山脚下。秦二世准许了这一请求。

公子将闾兄弟3人，也被罗织罪名处死。临死之前，他们泪流满面，仰天长叹。

这些人的尸体，都葬在了秦始皇陵中。

秦始皇生前万万没想到，他的儿女们，在他去世不久，也到他的冥界帝国中来了。

随着秦帝国大厦的倾塌和历史的延续发展，这宗震惊天下的血案，也渐渐湮没于岁月的尘埃之中。

1977年10月，考古人员在秦陵陵东发现了17座殉葬墓，无意中为后人打开了一扇透视2000年前那宗血案的窗户。

考古人员发现墓葬形制均为带有斜坡墓道的甲字形状。墓的独特形制表示了墓的主人应是皇亲宗室或贵族大臣，因为秦代的平民不享有这种带墓道的安身之所。从墓中发现的异常讲究的巨大棺椁推断，这也非一般平民所能享用。

但棺内尸骨却非常凌乱，有的尸骨下肢部分被埋入棺旁的黄土，头骨却放在椁室的头箱盖上。有的尸骨头盖骨在椁室外，其他骨骼却置于椁内。更为奇特的是，一具尸骨的躯体与四肢相互分离，凌乱地葬于棺内，唯独头颅在洞室外的填土中。考古人员仔细研究后发现，这个头颅的右额骨上有一块折断的箭头，显然是在埋葬前被射入头部的。已发掘的8座墓中，共有7具尸骨存在，其中有一座竟找不到一块残骨，却发现了圆首短剑一柄……一切迹象表明，墓中主人是受到外力打击而死亡的。从尸骨的凌乱和出土的器物推断，这些墓主大多是被砍杀、射杀后又进行肢解后才葬于墓中的。

考古人员还在墓中发现了极为丰富的金、银、铜、玉、漆器及丝绸残片。其中一件张口鼓目、神似鲜活的银蟾蜍，口中内侧刻有醒目的"少府"二字，说明此件葬器由秦代的中央铸铜官署——少府制造。如此珍贵的器物，亦是平民所难拥有或见到的。这可以证明墓主人是皇亲宗室、臣僚贵族。

面对这样的历史事实和见证物，人们不能不想起胡亥制造的那场宫廷血案。这一具具凌乱的尸骨，无疑都是被杀的王子、公主或宗室大臣，绝非正常死亡。科学鉴定的结果表明，这7具尸骨除一人为20岁左右的青年女子外，其余均为30岁左右的男性，如此年龄相当、又情形一致的正常死亡是不可能的。

更值得注意的是，考古人员在墓中发现了挖墓人员当时取暖留下的灰烬。这就进一步说明挖墓时间是在冬季，而胡亥诛杀王子、公主、朝廷臣僚的时间也是在冬末春初的寒冷季节。这个并非偶然的巧合，更能令人有理由相信这17座墓的主人，就是那场宫廷血案的悲剧人物。

公子和公主被杀后，胡亥又下令：所有没生子的嫔妃都要殉葬秦始皇。

后宫嫔妃多半无子，号啕大哭之声顿时响彻殿宇。

武士把无子的嫔妃全部带入秦始皇陵园，以武力强行驱入地宫深处。绝望的嫔妃有人当场撞死在内，有的吓得昏死过去，尚有大半正慌乱无主。此时胡亥命工匠把地宫第一层宫门封闭了，嫔妃全部死在其中。

在冥界帝国中，秦始皇依然拥有成百上千的嫔妃。

修建秦始皇陵墓的人最多时达72万人，他们中有很多人，一生都是在秦陵中度过的。站在秦始皇陵顶上，举目四望，苍天茫茫，白云朵朵；俯视四周，很难想象，这规模宏大、布局严谨、埋藏丰富的帝陵周围曾经有很多低矮、拥挤的民房和作坊等，与帝陵形成强烈的反差。

72万劳工，要修建如此浩大的工程，面临如此严酷的生活环境，承受如此高强度的劳动量，必然会有大批人员死亡。他们死后埋在哪里？

许多兵马俑的身上，经常能看到刻着的文字。有一座陶俑上就刻有"咸阳野"三个字。秦朝有一条制度——"物勒工名"，就是说为了保证质量，工匠必须在制作的器物上刻上自己的名字。

透过这几个冰冷的文字，我们或许还能看到那个遥远年代中一些普通人的命运。

这位名叫野的人，家住秦国的首都咸阳，是当地小有名气的陶工。秦始皇修骊山陵，他也被征召到了工地上，他的任务是负责制作兵马俑。谁都知道，一旦到了骊山，实际上就成了秦始皇的奴隶，几乎没有生还的可能，甚至子孙也要被编入修陵大军。

由于是有经验的陶工，野的手下还管理着十几个普通的工匠。

野手下的工匠先用泥在模具中做出俑头的样子，然后贴上脖颈、耳朵、发髻、帽冠。

有了俑头的大概样子，就该轮到野的工作了。俑的五官以及面部的肌肉经过野的精心雕刻和修饰，开始表现人物独有的神情，发式、胡须等细节也要

兵马俑的面部细节

进一步修饰——最后完成的俑头,就好像有了生命一样。俑头和用同样方法制成的躯干黏合在一起,一尊真人大小的泥俑就出现在眼前。野在俑身上刻上自己的名字。这是野的一件作品,如果陶俑的质量有问题,按照秦国的法律,他将受到处罚,甚至被杀头。因此,他必须竭尽全力。

经过烧制,一具秦俑就制作完成了。由于野赋予了陶俑不同的性格特征,因此每尊俑就好像是一名真实秦军士兵的复制品。

秦始皇的陵墓一共建造了38年,制作陶俑也有十多年,也许,这位叫野的工匠十多年都是在兵马俑作坊里度过的。还有数量庞大的工匠在从事着和野相似的工作,到目前为止,考古学家一共发现了68名陶工的名字。

就是这些像"野"一样的普通人,在一种生命时刻受到威胁的环境中,制造出了今天这些栩栩如生的陶俑。我们至今还能从兵马俑身上精细的刻痕上,感受到当年他们一丝不苟的神情。

1979年冬天,在秦陵西南角1600米处的赵背户村西发现一片墓地。一个墓坑中埋葬的有的是1人,有的是两三个人叠压,更有甚者,一个坑中埋了14

个人。

墓地出土的砖瓦和陶器上,有"高阳工乌""乌氏工昌"等字样,这些字就是修陵人的籍贯和名字。"高阳工乌"就是说来自高阳的工匠名字叫乌。"乌氏工昌"便是来自乌氏的工匠名字叫昌。高阳、乌氏等,分别是现在的河南杞县、甘肃平凉。

1979年冬天,在秦陵西侧的赵背户村西的另一处钻探出159座墓葬。在这片修陵人的墓地上,有大面积的白骨层层叠压。从清理出来的骨骼看,有男性,有女性,有青年,还有两名儿童。这些墓里没有什么陪葬品,只有他们生前使用的陶盆、陶罐及简单的生产工具等物品,还有一些覆盖在死者尸骨上的残瓦片——其中有18件上面刻有文字。这些刻文有"东武罗""赣榆距""东武居赀(zī)上造庆忌""东武东闲居赀不更乌""博昌去疾""博昌居赀用里不更余""扬民居赀武德公士契必""平阴居赀北游公士滕""兰陵居赀便里不更牙""邹上造姜"等。

姚池头村、赵背户村两处墓地均位于秦陵西侧偏南部。赵背户村墓地距秦陵外城西墙700米;姚池头村墓地距秦陵外城西墙1200米。这累累的白骨,随意埋葬的墓地,就是修陵刑徒的最后归宿。

这些只是工匠的一部分。考古学家认为,还有大批的工匠死在了秦始皇的地宫中。

修建地宫的工匠们，也成了秦始皇冥界帝国中的成员。

那么，作为冥界帝国中的最高统治者——秦始皇，他又在秦陵的什么地方处理朝政呢？

目前在秦始皇陵园内已经发现了兵马俑坑、石甲坑、文官俑坑、铜车马坑、百戏俑坑、珍兽马厩坑、水禽坑、殉葬坑等大大小小600多处的陪葬坑。然而，这些陪葬坑只不过是秦始皇陵的冰山一角，考古学家经过测量发现，整个秦始皇陵园的范围大约有56平方公里，相当于近78个故宫的面积。总面积达到2万平方米、无比壮观的秦兵马俑坑，与整个陵园相比，简直可以说是微不足道。

秦始皇陵的核心建筑，应该是埋藏在巨大封土之下的地下宫殿。它必然是规模空前，豪华无比。那位统一中国的伟大君主——秦始皇，就躺在这座辉煌的宫殿中。

由于并没有对秦始皇陵进行发掘，他的地下宫殿会是什么模样，我们只能从历史记载中去寻找。

中国历史上伟大的史学家——汉朝的司马迁曾在他的《史记》中，对秦始皇陵的地宫形状做过描述：

兵马俑残片

穿三泉，下铜而致椁，宫观百官奇器珍怪徙臧满之。令匠作机弩矢，有所穿近者辄射之。以水银为百川江河大海，机相灌输，上具天文，下具地理。以人鱼膏为烛，度不灭者久之。……

根据司马迁的记载，考古学家王学理研究推断，秦始皇陵的地宫，应该是一个巨型的长方形竖穴墓坑。

地宫的底部面积达1.92万平方米，相当于48个国际标准篮球场那么大。

墓坑墙壁上是数重台阶的楼、阁、亭、谢,显得上下错落,变化有致。

地宫上部,以宫墙(方城)环绕,阙、楼连属,俯瞰宇内,气象博大,蔚为壮观。

就是对秦始皇陵地宫整体的辉煌猜想。

司马迁在《史记》中曾有"以人鱼膏为烛"的记载。所谓"人鱼",据说是一种生活在海中形似人的四脚鱼,用人鱼膏做成的蜡烛能够永不熄灭地燃烧放光,使地宫常年形同白昼。

司马迁的《史记》中还有这样的描述:"令匠作机弩矢,有所穿近者辄射之。"

秦兵马俑坑中有弩弓出土,这种弩弓的射程当大于六百步,相当于今天的831.6米;张力也当超过十二石,相当于今天的738斤。如果把装有箭矢的弩一个个连接起来,通过机发使之丛射或是连发,就可达到无人操作、自行警戒的目的。秦始皇陵

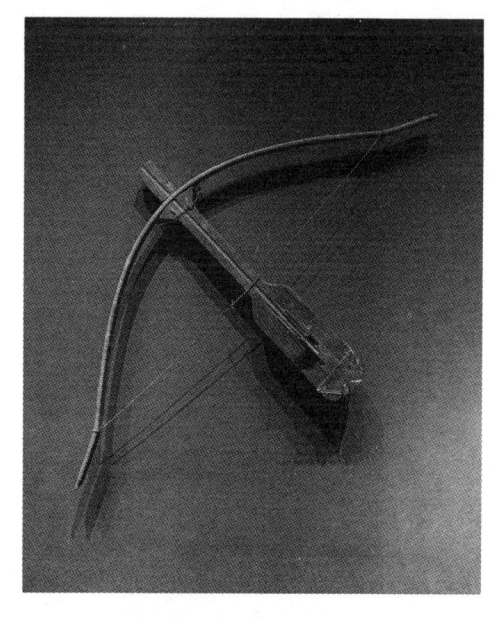

秦始皇陵陪葬坑出土的弩弓

内藏有大量奇珍异宝，为了防盗，在墓门内、通道口等处安置上这种触发性的武器，一旦有盗墓者进入墓穴，就会碰上连接弩弓扳机的绊索，遭到猛烈的射击。

1981年，中国科学院的地质学家利用现代地球物理化学探矿方法，对秦始皇陵先后进行了两次测试，测试结果表明秦始皇陵地下埋有大量的水银。由此推断，司马迁在《史记》中记述的秦始皇陵地宫"以水银为百川江河大海，机相灌输"是可信的。

秦始皇用水银在地宫中模拟出江、河、湖、海，我们不知道其中有没有长江、黄河、洞庭湖和东海——曾经被他征服过的领土的象征。

地宫的顶上，有用明珠做成的日月星辰。秦始皇的棺椁，面向东方，就停放在奔涌着江河湖海的大地上。这里就是秦始皇整个冥界帝国的中心。

秦始皇的冥界帝国就如同他创立的大秦帝国一样，辉煌无比。然而，曾经威风八面的皇帝，到了冥界帝国中却不可能再一次君临天下了。我们不知道，两千多年时光的销蚀，当初下葬时就已经腐烂的秦始皇躯体是否已经化为了尘埃。

就在这同一片陵园中，不仅掩埋着中国历史上伟大的皇帝，还埋葬了百官、战士、王子、公主、嫔妃，还有不计其数的修陵工匠、刑徒。他们生前是帝王和臣子、主人和奴隶、统帅和士兵、君王和嫔妃的关系，然而死后黄土的掩埋抹掉了这一切，生命的荣华与辉煌、痛苦与屈辱都已经烟消云散。两千多年时间的流逝，他们的血肉早已经融为了一体，融在了掩埋他们的这一堆土冢之中……

周口店北京人遗址

也许,现在看来,这只是中国北方一个普通的山地。谁又能想象,它有过怎样一段漫长的过去和巨大的秘密?

它就是举世闻名的古人类和古动物遗址群——周口店。

周口店"北京人"遗址是世界上发现材料最丰富、最系统的旧石器时代早期阶段的人类遗址。

1918年3月,华北平原仍然寒气逼人。顺河而下,平原骤然消失,再向西行,便进入太行山的余脉了。

瑞典人安特生来到此处,看到这座石灰岩质的山,不由暗暗心惊。作为当时北洋政府特聘的地质学家,安特生已经在中国度过了四年的时光。一个偶然的机会,安特生的一位老朋友,带来了一些来自北平郊区的骨骼化石。安特生立刻意识到,这些哺乳动物化石非同一般。

人类也是哺乳动物的一种，对哺乳动物的研究，就是探索我们人类的起源。所以学者们历来对哺乳动物的研究都充满热情。

这批化石的出土地正是周口店。于是，安特生开始了对周口店的持续关注。1918年初春的周口店之行，是人们对周口店探索发现之旅的起点。此后，安特生安排奥地利学者师丹斯基在鸡骨山进行考察发掘。

转眼三年过去了。期间，他们在堆积物中常发现一些脉石英碎片，它们有着锋利的刃口，显示出人工打击的痕迹。就此，安特生大胆地说："我有一种预感，人类祖先的遗骸就躺在这里。现在唯一的问题就是去找到它。"

1926年夏天，师丹斯基从挖掘出来的化石中，发现了一枚左下前白齿。他鉴定可能属于猿人。这一发现，吸引了不少学者和国际基金会。1927年，加拿大学者步达生经过努力，以美属协和医学院为依托，筹建了关于体质人类学的研究机构。同时，与中国地质调查所正式达成合作协议，共同发掘周口店。

由瑞典地质学家步林和我国地质学家李捷主持的周口店考古发掘开始了。

这是中国学者第一次正式参与周口店的考古发掘工作。广泛的国际合作只有一个目的，那就是试图在周口店一带，找到人类祖先的遗迹。

令中外学者大为兴奋的是，该地区有许多大小不等的天然洞穴，里面成堆的化石块，多得超乎人们的想象。

1927年10月，周口店第一个重大发现出现了。主持考古工作的步达生宣称："10月16日，我们终于得到了一颗漂亮的人牙。这的确是一个真正辉煌的消息！"

经过鉴定，步达生首次提出古人类的一个新种属——"中国猿人北京种"，简称"北京人"；生存年代为第三纪，距今大约50万年。当时亚洲大陆上的任何地方，都还没发现过年代这样古老的人类化石。这个消息一经公布，就像一颗炸弹震撼了当时的科学界。从此，"北京人"这一叫法就传开了。

但是，科学发现总是需要质疑的目光，仅凭一颗牙齿，并不足以证明"北京人"的存在。探索还需继续，证据有待挖掘。

1928年和1929年匆匆而过，虽然人们挖掘出了大量的动物化石，但是学术界期待的猿人化石却仍然没有出现。

在这张珍贵的合影中，站在最左边的是北京大学地质系毕业生裴文中。1929年，他被任命全面主持周口店的发掘工作。

12月，除了针叶的长青树木之外，山中再无一点绿意，北风阵阵袭来，已经快到停止野外工作的时候了。

裴文中在日记里写道："外国专家离去后，热闹的山中顿显寂寥。挖掘工作日复一日，虽然收获不少，却从未出现过令人激动的发现。"

12月2日，为了在本年工作结束前能多找到一些化石，大家仍然在紧张工作。裴文中正在洞外观察地层，这时，有人在下边喊："有个大家伙，好像是犀牛的大腿！"裴文中不放心，立刻绑上绳子，决定亲自到下面看看。

外面的天已经黑了，这里却是永恒的静谧，无所谓时间的变化。烛光照亮了碎石和尘土，激动的双手触摸着圆弧和硬壳。这难道就是在石头和大水的挤压和冲刷里埋藏了几十万年的头骨？

它灰黑、脆弱、潮湿，年轻人不敢相信自己的眼睛，燃起手中温暖的火光，让化石摆脱岁月的水分。从今往后，头骨将在新的世界面前展开它的面目。

1929年12月28日，中国地质学特别会议隆重举行。裴文中将第一个北京猿人头盖骨以完整的面貌展现在中外科学家及新闻记者的面前。全场为之轰动，掌声雷鸣，长久不熄。

这张宝贵的照片摄于1929年12月3日，照片中的人就是裴文中，他手中捧着的，正是北京猿人的头盖骨。在送往北平进行修复之前，裴文中在头盖骨外面包裹了麻布片，又厚厚地糊上了石膏。摄影师把焦点完全集中在头骨之上，以致照片中仅有裴文中黝黑的脸颊和粗糙的双手。

裴文中手捧头盖骨资料图片
（图片来源：《世界遗产在中国》纪录片）

20世纪初，在积贫积弱的中国，裴文中的发现，是一项具有全人类意义的科学成就。那一年，裴文中25岁。

从此，学界开始不断地对人类化石进行复原研究试验，以揭开我们祖先的真面貌。

1931年9月18日，日军入侵中国东北。时局动荡。尽管条件艰苦，周口店遗址的挖掘工作仍然继续进行。

当时全面主持周口店挖掘工作的是贾兰坡。巧合的是，他和当年的裴文中一样，还不满25岁。只有高中学历的贾兰坡，后来成为中国国宝级的古人类学家。

依然在第一地点，传来令人振奋的消息。1936年11月15日上午，出现了左下颌骨一面，接着，枕骨、眉骨、耳骨相继露出来了，第一个头骨出土了。下午，又发现了另一个头盖骨，但也裂成多块。当晚，贾兰坡马上请人粘接好。这样两个头骨就完整了。就在大家还沉醉在收获的狂喜时，11天后即11月26日，第三个头盖骨出土了。

三颗北京人头盖骨同时发现的消息，再次震惊了全世界。

北平新生代研究室的德国学者魏敦瑞接到头盖骨后,不厌其烦地向好奇的人们展示着,比较猿人与现代人的区别,并留下宝贵的记录。

1927年到1937年初的11年间,在第一地点,先后发现了5个头盖骨、9块破碎的头骨以及大量骨骼化石。这些化石估计来自40个不同的男女老幼,代表了一个相当完整的古人类群体。同时,周口店还出土了近万件的石器和动植物化石。

北京人头盖骨和大量石器工具的不断被发现,证实了猿人进化的中间阶段的存在,为人类起源和达尔文进化论提供了坚实的证据。从此,越来越多

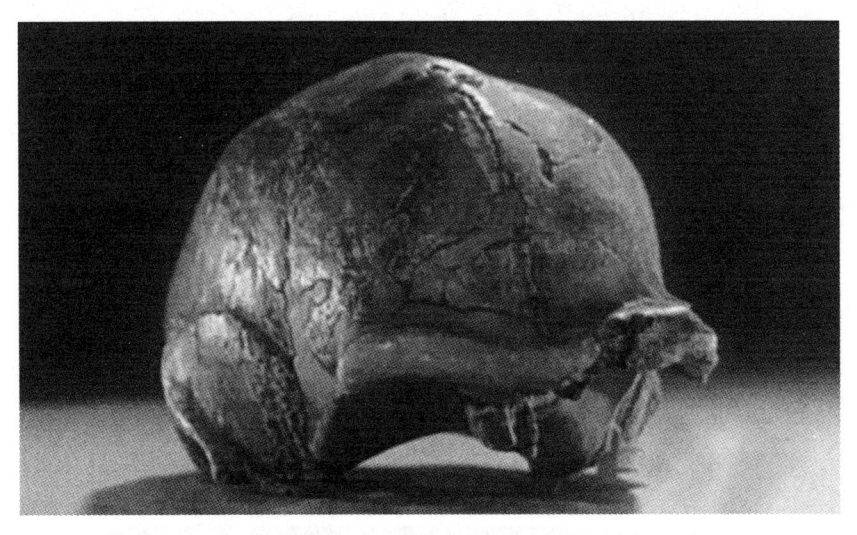

北京人头盖骨资料图片(图片来源:《世界遗产在中国》纪录片)

的人开始接受人类是由古猿进化而来的科学事实。

然而,在1937年,"人类由何处来"这个大命题和当时中国人的命运相比,显得无足轻重。7月7日,日本侵华战争全面爆发,北平沦陷,周口店成了沦陷区,挖掘工作中止。

北京猿人似乎注定要和当时的北京人一起,共同经历一场浩劫。

1937年年底,日本东京帝国大学的学者长谷部言人和高井冬二找到裴文中。他们以学术研究的名义,希望看一看北京人头盖骨实物。这使裴文中起了疑心,怕头盖骨被日本人窃得,便以种种理由回绝了他们的要求。

随着国际形势的不断恶化,转移头盖骨已经势在必行。当时有三种选择:一是途经沦陷区,运到"陪都"重庆;二是留在北京,秘密掩埋;三是经秦皇岛运到美国暂时保管。大家认为第三种办法比较可行。

1941年12月5日,北京人头盖骨由领事馆装箱随美国海军陆战队专列,自北平到秦皇岛,将要转海运至美国。12月8日,列车抵达秦皇岛。然而,就在12月7日,日本舰队偷袭珍珠港,太平洋战争全面爆发了。

随即，日军自山海关一带登陆，突袭美军，美国海军陆战队专列顷刻间成为日军的战利品。

1941年11月底，头盖骨在协和医院装箱，这是唯一明确的头盖骨最后踪迹。12月，头盖骨是否被送到了美国领事馆？12月5日，两箱化石是否随美国海军陆战队专列走了？天津停靠装卸，究竟发生了什么？12月8日，列车抵达秦皇岛，此时，美军军营已经被日军占领，一片混乱之中头盖骨落入谁手？

北京人化石彻底失踪了，它们到底是毁于战火还是落入中、美、日其中一方人的手中，成为20世纪最为扑朔的考古谜题之一。

1953年，中国政府在周口店北京人遗址地，建立起了一座永久性的博物馆。

"人类是由古猿进化而来"这一今天看来十分简单的事实，当初只是一种似是而非的科学假设；是周口店北京猿人遗址群的出现使这一假设变得无可置疑。

可以这么说，自1929年12月2日，第一具北京猿人头盖骨出土的那一刻起，人类开始真正地认识自己的过去。

周口店遗址

今天，回顾起周口店半个多世纪的考古发掘历史，我们寻找北京人化石，也更加怀念这些为周口店遗址的发现、发掘和研究做出重要贡献的中外科学家：

第一个发现周口店遗址的瑞典地质学家——安特生；

第一个研究北京人化石的加拿大解剖学家——步达生；

第一个主持周口店遗址系统发掘的地质学

家——李捷；

第一个研究周口店遗址地层和哺乳动物化石的古脊椎动物学家——杨钟健；

第一个发现北京人头盖骨化石的古生物学家——裴文中；

第一个连续发现北京人三个头骨化石的古人类学家——贾兰坡；

第一个系统研究北京人化石的德国解剖学家——魏敦瑞。

透过所有这些时间的堆积，我们看到了过去，也看到了未来。

直立行走，逐日而去，人类前行的脚步从未停止。

殷　墟

　　大约在公元前1300年，当希腊人用木马计攻陷了特洛伊城的时候，在东方的大地上，黄河中游的洹水之滨，迎来了一个浩浩荡荡的、大规模的迁徙队伍。他们从都城"奄"，经过长途跋涉来到了一个称之为"北蒙"的地方。

　　此时正是商王朝的第20任国王盘庚的统治时期。为了扭转自商王仲丁以来，连续九世的混乱政治局面，摆脱前任商王党羽的牵制和影响；为了使人民安居乐业，国家繁荣富强，盘庚毅然决定迁都，把都城从位于今天山东曲阜一带迁到了河南北部的安阳。

　　这里西倚太行山，东接平原，黄河自西南向东北流去；南跨淇水，北临漳河，洹河从中部穿过。3300年前的这里，土壤松软肥沃，气候温暖湿润。

　　很快一座繁荣的都城在这里出现。据记载，"北蒙"又称之为"殷",所以盘庚迁都以后的商朝又称作殷商。

200多年以后,这座曾经繁华的都城变成了废墟,埋藏在尘土之下。经过3000多年的岁月洗礼,殷商逐渐从人们的记忆中消失了。有关商文明的记载也几乎成了神话和传说。

19世纪初,西方学者断言,中国文明只能上溯到公元前841年。由于没有明确的纪年,中国在公元前9世纪以前的历史就变得模糊不清、真伪难辨,更得不到西方学者的承认,曾经辉煌的文明变成了天方夜谭。

沦为废墟的商代都城再也没有繁华过。由于北蒙这一带地势略高,因此战国以来,特别是隋唐时期,这里一度成为埋葬死人的乱坟冈。

从宋朝开始,这里才逐渐有人移居,后来慢慢形成了村落,叫作"小屯"。清朝末年,小屯的居民们常常在耕作时从地下挖到一些碎骨片。这些骨片是中药铺中珍贵的药材,称之为"龙骨"。于是人们将这些碎骨片收集起来卖给城里的中药铺。

1899年,北京国子监祭酒王懿荣患疟疾,差人

殷墟出土的卜骨与龟甲（中国社科院安阳工作组藏）

到北京城内的达仁堂药店购药，其中有一味中药即叫"龙骨"。

王懿荣是个极其细心的人，每一次买回来的中药，他都要亲自察看。而这一次，他竟然有了新的发现。

龙骨，其实就是龟甲或兽骨的碎片。而在这些碎片上，他却发现了一些奇怪的图案。更让他震惊的是，这些图案不是自然形成的，是人为刻画上去的一些符号。

王懿荣是著名的金石学家。他的古文字知识使他很快意识到这些"符号"的重要性。

他一面差人前往药店购回更多的"龙骨"，一面继续研究。最后他终于认定，这些符号正是最古老的中国文字，它们来自3000多年前的殷商。

从此王懿荣倾尽所有，成了现代第一位甲骨文收藏家。

甲骨文发现初期，虽然人们初步判断其为商王朝文字，但无法辨认。

王国维是近代著名学者，他在文学、哲学、美学、历史学等方面都有深入的研究。

1917年，王国维通过对甲骨的研究，成功识读了商王朝历代商王及其先公的庙号。他将这些庙号按称谓的先后排列起来，从而得到了一份商王世系表。

令人称奇的是，这份世系表与《史记·殷本纪》中有关商王朝历代商王及其先公的记载惊人地相似。王国维的这一发现充分证明《史记》中有关商王朝的记载绝不是凭空杜撰的。

商王朝的确在中国历史上存在过，而且安阳殷墟正是商王朝晚期的都城。

中国传说中的商终于有了信史。甲骨文的发现使中国的文字史又向前提了500多年。

殷墟是中国历史上最早的有文献可考、并为考古发掘所证实的古代都城遗址。

殷墟位于河南省安阳市的西北郊区，面积约36平方公里。其布局以小屯宫殿宗庙区为中心，分布在洹河南、北两岸，是一座开放性质的古代都城。

1936年，考古队在殷墟宗庙区内发现了一个巨大的甲骨窖穴，这是殷墟历年考古工作中出土甲骨最多的一次。这个窖穴就是著名的H127甲骨堆积坑。

在不足半立方米的土中，龟骨总数为17096块，其中整板的龟甲就有300块之多。如今我们看到的是，H127出土的甲骨堆积层的复制模型。

在这些甲骨上面还有一副蜷曲的人骨架。专家们根据这副人骨的姿势推测，死者可能是自愿跳入坑中殉葬的。

殷商时期，人们大多有意识地将使用后的甲骨储藏起来。这里正是商人储藏甲骨的大型窖穴。这名殉葬者很可能就是掌管这个甲骨窖穴的管理员。

这些甲骨上的文字的内容十分丰富，涉及商代社会的政治、军事、农业、天象历法、生育、疾病、田猎、贡纳和祭祀等多方面的内容。这些信息成为我们触摸那个远古时代的宝贵线索。

盘庚的侄子武丁，是商朝的第23任国王，也是商王朝最有作为的君主之一。H127号甲骨坑出土的一万多块甲骨全部出自武丁的时代。

武丁继位后，他勤于政事，任用奴隶和工匠出身的傅说（yuè）、甘盘等贤能之人辅政，励精图治，使商朝政治、经济、军事都得到空前发展。

武丁曾用了长达三年的时间对周边方国、部族进行战争。他拓展了商朝的版图和势力范围，促进了中原地区与周边部族的经济、文化交流，使商朝成为西起甘肃、东至海滨、北及大漠、南逾江汉流域，包含众多部族的泱泱大国。

商王朝自商汤开国至殷纣灭亡，共传十七代、三十一王，前后经历了629年。帝位传承制度，前期以"兄终弟及"为主，后期以"父死子继"为主。国都屡次迁徙，直至盘庚把国都定在殷之后，才开始稳定下来。

史书中关于这个远古王朝的记载十分有限。

商朝的文字通常是刻在龟甲或是牛肩胛骨上，这些刻在甲骨上的文字，我们称之为甲骨文。而这些甲骨文却并不是当时的典籍，而是商人用来占卜的卜辞。

刻有卜辞的甲骨（中国社科院安阳工作组藏）

卜辞，是负责占卜的贞人①灼烧龟甲骨，占卜之后，在甲骨上记下的有关卜问的内容。

一条完整的卜辞，包括叙辞、命辞、占辞、验辞四个部分。

有一块卜辞是这样记载的："妇好供人于庞。"它的含义是，在战争前，妇好先在一个叫作庞的地方征兵。

"贞，登妇好三千，登旅万，乎伐。"这条卜辞中说，妇好领了三千兵马加入了国王万人的军队，一起去

---

① 即卜官，商朝为王室占卜的官员。

征伐远方的国家。

这是甲骨文记载中最大的一次战争。这样的兵力与现代战争中动辄几十万的大军相比，也许算不了什么。然而，如果按照当时人口的比例计算，1.3万人相当于抽走了王都十分之一的人口。那么这场战争的规模就显而易见了；而这次的统帅将军妇好，也必定是一位十分重要的人物。

卜辞中记载的大都是与国王相关的事情。这样推测妇好这位将军也应该是王室的一名成员。

从其他卜辞的记载中，我们得到了更加令人震惊的信息，妇好将军竟然是一位女性，并且她还怀上了国王的孩子。

国王武丁对未出生的孩子非常关心，他急切地想知道这个孩子是男是女。这一切都说明将军妇好的确是一位王后。

3000多年前的殷商，依然是一个男尊女卑的社会，一位尊贵的王后，同时又是一名战功赫赫的女将军！这难道真的是事实吗？这个古老而神秘的王朝留下了无数的未解之谜。

1976年，考古队意外地发现了妇好的墓葬。其墓室南北长5.6米，东西宽4米，深7.5米。整个墓葬保存完好，由于其墓室底部被水淹没，所以妇好的棺椁已经完全腐烂了。也许正是这个原因，盗墓者才没有发现这个墓葬。

出土的随葬品让人们第一次领略到商代王室墓葬的奢华。

青铜器、玉器、骨器、石器等共计1928件。这些器物，做工精美，雕刻精细，堪称商代的精品。墓葬中还有6800多枚南海贝壳。这些海贝就是商代的货币，它们是财富的象征。

钺（yuè），是商代的一种兵器，更是一种权力的象征和军事指挥的标志。这一件重达8公斤的青铜钺上，清晰地铸有"妇好"两个字。这充分证实了史书和甲骨文的记载，王后妇好的确是一位将军。

妇好墓是目前唯一能与甲骨文联系并断定其年代和墓主人身份的商代王室成员墓葬。

"贞，妇好有娶吗？"这句卜辞反复出现，意思是询问"妇好嫁了吗？"卜辞的结论是：妇好再嫁了，而且嫁给了三位不同的国王。

商人认为，人死以后进入阴间，那里的生活和阳间的世界是一样的。所以武丁希望，在阴间的妇好还是会嫁给去世的商王，那些大量的随葬品，也正是希望妇好在阴间一样可以得到她原本拥有的一切。

1939年，在王陵区内，武官村村民挖出了一个巨大的青铜方鼎。

这就是迄今为止出土的最大的青铜器——司母戊大方鼎。它重达832公斤，高133厘米。事实充分说明了，在3300多年前，商人已经拥有了精湛的冶炼和铸造技术，社会生产力已经相当发达。

在殷墟的考古发现中，除了大量的商代文化遗迹外，遗存更多的就是遍地的残断尸骨。无论是在

司母戊大方鼎

宫殿区，还是在王陵区，出土的大量人骨残骸让人触目惊心。据甲骨文记载，商人祭祀祖先时，屠杀奴隶做供品，最多时竟达到2600多个。

这些殉葬的尸骨大部分残缺不全，有的被砍掉头颅，有的被拦腰斩断。专家们通过骨骼鉴定发现，这些殉葬者大都不是商朝的子民，而是异族的奴隶。

在战争中俘获的异族战俘成为奴隶。奴隶是殉葬和祭祀的人牲。商人认为，战俘和抢夺的牲畜一样，都是献给祖先最好的供品。

国之大事，在祀与戎。祭祀和战争是商王朝的立国之本。

这尊出土的青铜鼎中，有一个被蒸煮过的人头。商人在战胜敌对部族后，将敌方首领的头颅放在青铜容器中蒸煮，然后祭祀祖先，这是一次十分隆重的祭祀活动。

商人把对祖先的崇拜和对自然的崇拜合为一体，天神即是上帝，也是宗祖神。这种祭天祀祖的观念，一直以来对中华文明有着深远的影响。

一面是残暴的杀戮，一面是高度的文明。3300年前的殷商是一个怎样的时代？

这些殉葬的车马是中国考古发现的最早的畜力

车实物标本。它是商人最主要的交通工具。

在殷墟出土的道路遗迹上,可以清楚地看到并行的车辙痕迹,以及人行道的位置。远古的殷商,已经具有了现代的交通概念,它的文明程度简直令人难以置信,而对奴隶的残酷屠杀也同样令人发指。

尘封的黄土之下,留给我们的是更多的疑惑和无穷的想象。

从盘庚迁殷至殷纣亡国,殷墟作为都城共经历了两个半世纪。武丁在位59年,开创了商王朝的鼎盛时期。此后商开始逐渐衰败。

周灭商后,封纣王之子武庚于此。后来武庚叛乱被杀,殷民迁走,都城逐渐沦为废墟,所以称为殷墟。

远古的殷商,是一个充满了神话和传说的国度。这里有古老的文字和璀璨的文明,这里有残酷的战争和野蛮的杀戮。

殷墟不是一座简单的都城。这里是一个王国的缩影,是东方文明形成中的重要驿站。

承德避暑山庄及周围寺庙

这里是中国北方险峻的燕山山脉。

这雄浑的大山之中,在参天树木的掩映下,透出一片与周围险峻山岭完全不一样的景致。

这里坐落着一处园林,它的面积相当于北京颐和园的两倍,紫禁城的8倍。

两百多年前,中国清朝的皇帝曾经在这里处理国家大事,会见少数民族首领,接待外国使节。这里曾经发生过许多足以影响中国历史进程的重大事件。

虽然这一切已经在滚滚的历史长河中烟消云散,但这里却留下了庄严的宫殿、亭台楼阁、流水长堤,还有金碧辉煌的庙宇。

它们记录着大清国一段拥有梦想与光荣的辉煌岁月。

这里是距离北京230公里的承德,这里坐落着迄今为止世界上最大的皇家园林——承德避暑山庄。

承德避暑山庄

公元1703年，在中国是清朝康熙四十二年。地球的另一端，大英帝国的安妮女王，在泰晤士河畔，打造了一座超级宫殿。

同年四月，沙俄帝国的彼得一世在涅瓦河入海口的卢斯特·艾兰特岛上修建了圣彼得堡。

几乎就在彼得一世修建城堡的同时，已经在北京城中拥有紫禁城的清朝康熙皇帝，带领人马离开京城向北，穿过长城的古北口，来到了燕山山脉中一块景色秀美的土地上。在这里，康熙皇帝开始为自己修建一座新的行宫。

也许纯属巧合，避暑山庄、白金汉宫、圣彼得堡，改变人类历史进程的三大皇家宫殿，就这样在同一年间，出现在这个世界上。然而，同为帝国的政治、军事中心，白金汉宫和圣彼得堡都建在了重要的城市中，为什么避暑山庄却远离都城，隐藏在了崇山峻岭之中呢？

在一幢俄式楼房的会议室里，中国大清政府的代表正在和俄国代表进行激烈的辩论，谈判每取得一点进展，都要经过极为艰难的斗争。终于，双方达成了一致，在条约上签字。这就是著名的中俄《尼布楚条约》，条约中最重要的一条就是划定了中俄东段的边界。

消息很快就传回了北京。在紫禁城中焦急等待的康熙皇帝知道，虽然这次的谈判取得了成功，而且勘定了边界，但沙俄帝国早晚还会骚扰中国的东北。他已经深深感到，沙俄绝对是威胁中国北部边防的最大隐患。但是有效的防线在哪里呢？

《尼布楚条约》签订一年后的某一天，驻守长城古北口的总兵官蔡元向康熙递交了一份奏折，奏折中写道："古北口一带长城城墙倾塌甚多，请修长城。"蔡元的上书再次勾起了康熙的心事，沙俄帝国如果攻占了东北，长城能够挡住他们的步伐吗？

这一次，康熙皇帝没有同意蔡元重修长城的建议，在他的心中一直谋划着另一个庞大的计划。

蔡元上书的一年后，在蒙古的多伦诺尔草原的蒙古包中，康熙皇帝举行了一次重要的会盟。

喀尔喀是蒙古一个非常大的部落，由于内部纷争，处于四分五裂的状况，实现统一是人心所向。康熙来到了蒙古草原上，他抓住机会，分封各个蒙古贵族，把分裂的喀尔喀蒙古重新团结起来，并且接受大清政府的管理。

多伦会盟的成功让康熙明确了自己北部边防防御的方向，用剽悍凶猛的蒙古铁骑取代土木长城，来击碎沙俄帝国吞并北疆的狂野梦想，应该是一件妙不可言的快事。

事实上，早在十年前，康熙已经开始启动这个庞大的防御计划。

在长城以北，康熙圈定了位于蒙古高原上的一处水草丰美的天然牧场，在此设置皇家狩猎的木兰围场，并派兵驻守。每年秋天，康熙总是亲率皇子皇孙、王公大臣、八旗官兵、亲信侍卫数万大军，从古北口出塞，与北方来迎驾的蒙古王公合兵一处，浩浩荡荡开赴木兰围场，进行狩猎。

木兰围场声势浩大的围猎绝不是单纯的皇家休闲

娱乐活动，这其实是每年一度的大规模军事演习。数万大军的强大阵势，以及康熙皇帝高超的骑射本领，形成一种威慑，让北方的蒙古王公们不敢再怀有异心。

另外，他还通过分旗封王、结盟、经济援助等一系列高明的政治策略，令素来桀骜不驯的蒙古各部落归顺于朝廷。

就这样，在中国的北方，在大清国的中原和沙俄帝国之间，在广袤的蒙古草原上，由蒙古族各部落集结成一条强劲无比的纽带，构筑了一道壮观的塞上雄藩。

为了使蒙古部落结成的这道塞上雄藩百年永固，永远臣服于大清，康熙决定要在野草疯长、四处蛮荒的燕山腹地打造一座无形的长城，将清帝国的真正防线洞穿于蒙古腹地。

在古北口和木兰围场之间的热河，康熙开始兴建一座行宫，他不仅亲自选定了行宫的位置，而且还参与设计和指挥行宫的建造。

5年后，热河行宫初步建成，这就是后来规模超过北京颐和园一倍的承德避暑山庄。康熙在朝门上亲笔题写了"避暑山庄"四个大字。公元1711年，在他即位第50年的某个清晨，康熙自信而又从容地通过它，步入这座他亲自缔造的塞外皇家园林。

承德避暑山庄朝门

　　避暑山庄向北可以沟通内外蒙古，向西北可以联络蒙古各部、甚至远达新疆，向东可以连通东北，向南可以控制中原。

　　康熙打造的长城，正是这座隐藏在塞外崇山峻岭之中的避暑山庄。

　　就这样，康熙不动声色地将他深邃的政治情怀以及复杂的军事目的，消融在塞外热河这片幽静的园林中。艺术与政治，就这样无声无息地化解在一片烟水葱茏、香烟袅袅的美景之中。

　　虽然是出于政治目的修建的山庄，但它却成为中国帝王宫殿和皇家园林完美结合的典范。

宫殿区是避暑山庄的主要建筑群,集中于山庄的南端,是皇帝日常起居、处理政务和接见重要人物、举行典礼的地方。这里虽然是皇帝的夏宫,却和北京城内紫禁城的建筑风格截然不同:紫禁城的宫殿气势宏大、金碧辉煌,而这里却是朴素淡雅。木柱古朴,座基低矮,青砖灰瓦,不饰彩绘,有一种北方民居的风格。这种鲜明的对比,标显的是当时大清皇帝勤勉治国的决心。

宫殿的北部是湖州区,这里荟萃了许多大江南北的名胜景观。

避暑山庄最早动工修建的芝径云堤,就是仿杭州西湖苏堤的神韵修建的一座长堤。芝径云堤向西连一小岛,这里是在水一方的环碧,典型的江南园林风范。

芝径云堤北端是如意洲,这里的建筑又以严整朴素的北方民居格调见长。

如意洲北端连着一座小岛,岛上仿浙江嘉兴烟雨楼的形制修建了一组楼房,也取名烟雨楼。雨雾时登楼观景:雾雨蒙蒙之中,水天一色,远山近水尽在薄雾轻烟的笼罩中。

湖州区有一个金山岛,金山原是江苏镇江长江边上的一个岛名。康熙南巡时多次到此，返京后命人模仿金山的意境，在避暑山庄修建了金山岛。

山庄东北角有一座巍巍宝塔，这座宝塔是永佑寺内的舍利塔，是模仿杭州六和塔而修建的。

另外，高低起伏的宫墙蜿蜒在山庄北部的山峦上，酷似中国北部疆土上雄伟的长城。

湖州区以北的大片平地便是平原区，这里地势平坦辽阔，不由得让人想起中国北方草原雄伟、空旷的迷人风光。山峦区占据了山庄总面积的八成左右。

园林是用来休闲的，一般都追求方便舒适，有的也会堆几座小山装点一下，可这里，却是圈进了莽莽苍苍一大片真正的山岭。

避暑山庄，从整体上就表现出一种"四方朝揖，众象所归"的气势。山庄西北部的巍巍群山，令人想起西藏和新疆；中部的万树园，好比是蒙古草原和东北森林的混合体；东部的楼阁亭榭，极具江南韵味。整个山庄的建造选择了西高东低的地势，正好像是整个中国版图的缩影，是天下一统的帝国模型。

避暑山庄建成后，康熙皇帝每年几乎都有半年的时间住在这里。

他在这里处理政务，接见蒙古首领。中国的北部边疆，进入了历史上少有的和平时期。

避暑山庄修建后的第10年，正好是康熙皇帝的60寿辰，蒙古各部落首领前来朝贺。利用这一机会，蒙古王公贵族们纷纷提出愿意出资修建寺庙，纪念皇帝的恩典。康熙批准了这个请求，在山庄外武烈河东岸修建了溥仁寺。这是避暑山庄修建的第一座寺庙，也是后来大规模兴建外八庙的开始。山庄周围，从此开始出现一片伟大的建筑群。

避暑山庄建造19年后，打造了强大清帝国模型的康熙皇帝去世，他的儿子雍正即位。雍正在位的13年，处在兄弟骨肉相残的严酷环境中，无暇分身到塞外的避暑山庄；但在死前却不忘留下遗诏，要后世子孙，遵循康熙皇帝的做法。雍正的儿子乾隆把避暑山庄的繁荣推向了极致。

乾隆即位之后，对避暑山庄进行了大规模的扩建。宫殿区往东有文园狮子林，这是乾隆南巡时，赞叹苏州的狮子林，命画师照实画图，在山庄内仿建的。一山一壑，把江南园林艺术展现得淋漓尽致。

山庄中藏书的文津阁，也是乾隆派人到浙江宁波天一阁察看，并照实仿建的。"万树园"更是直接把蒙古包建在了草原区，乾隆就在蒙古包中宴请蒙古贵族。

在乾隆扩建的36景中，丽正门高居第一景的绝对位置。丽正门石匾上的"丽正门"三个字，是用满、藏、汉、维、蒙五种文字题写而成的。使用五种文字的题额，在当时是极为罕见的；同时使用五种文字寓示大清帝国统治的已是一个统一的、多民族的国家。

乾隆即位的第20年，蒙古准噶尔集团内部为争夺部落首领的继承权，展开激烈争斗。清政府派兵清剿，平定了达瓦齐挑起的民族动乱，消灭了叛乱后投奔俄国的阿睦尔撒纳，取得了平定准噶尔的彻底胜利。平叛结束后，乾隆非常得意，这年10月，为尊重蒙古族的习俗，下令仿西藏三摩耶庙，修建了普宁寺。这是一座汉藏风格结合的寺庙，寺中有汉式的大殿，也有藏式的白塔，还有汉式屋顶、藏式墙壁的喇嘛塔。寺庙建成后，为少数民族的宗教活动提供了方便。

大乘之阁是普宁寺的主殿，里面供奉的是金漆木雕千手千眼观音菩萨，俗称大佛。大佛高22米，腰围15米，重110吨。大佛的躯干采用木架结构，然后层层用围板包围，分层雕刻衣纹、飘带、饰件，最后贴金彩绘。

它是世界上最大最重的一尊木雕佛像。

公元1760年是乾隆皇帝60岁寿辰，此时的清

普陀宗乘之庙

朝进入了鼎盛时期，国力强盛、民族团结。乾隆决定大加庆贺，并下旨修建普陀宗乘之庙。

普陀宗乘之庙是避暑山庄所有寺庙中气势最宏伟、规模最大的一座寺庙。普陀宗乘就是藏语"布达拉"的翻译，它是比照西藏的布达拉宫、缩小尺寸修建的，所以又称小布达拉宫。乾隆的目的是要加强对边疆地区，特别是对西藏的统治。

乾隆在位期间，在避暑山庄周围还修建了普佑寺、安远庙、普乐寺、罗汉堂、殊像寺、广安寺和广缘寺，这些寺庙采用汉式、藏式、汉藏结合式三种不同的建筑方式修建，显示了清朝皇帝兼容并蓄的愿望。它们在避暑山庄四周，以众星拱月之势，构筑了中国最为宏伟集中的寺庙群。

1860年，热河的避暑山庄又迎来了第七个清朝皇帝——咸丰皇帝。不过他是为了躲避入侵北京的英法联军逃往承德避暑山庄的，从此咸丰生前再也没有回过北京。

穿过避暑山庄的大门，迎面便是大殿——澹泊敬诚殿。这里是皇帝处理公务的地方，就在这座大殿上，康熙和乾隆接见过许多少数民族首领。澹泊敬诚殿后面不远是皇帝的寝宫庭院，主殿是烟波致爽殿。西暖阁是皇帝的寝室，靠北就是皇帝的卧床，咸丰皇帝就病死在这里。

咸丰驾崩3个月后，他年幼的儿子离开避暑山庄回到北京。

此后，清朝皇帝再也没来过这座山庄，避暑山庄彻底荒废在了塞北。

随着山庄大门的缓缓关闭，自信强健的康乾盛世已经过去，清王朝开始衰亡。

热河强劲的风早已吹散，留下的是避暑山庄里清澈的湖水和山影。作为中国最后一个帝国王朝的背影，两百多年来，它静静地立在塞外的崇山峻岭中。它独具特色的造园与建筑艺术，以及浸透其中的政治背景，使它成为中国历史上一处伟大的建筑群，亦是中国传统文化的一个缩影。

孔庙、孔林、孔府

公元前6世纪，中国正处于周代的末期，王室的统治已经名存实亡，标志着统治秩序的礼乐制度已完全崩溃。人们的精神和信念发生了前所未有的变化，中国历史正处在由氏族社会向封建社会转型的阶段。这是一个新旧交替、充满着危机又孕育着希望的大变革时代。

公元前551年，一个秋天的早晨，鲁国的一个没落贵族家里，一个婴儿出生了。当时的人们无论如何都不会想到，就是这个刚出生的男孩，会给后来的中国社会带来巨大的变化，他就是孔子。

孔庙，祭祀孔子的庙宇。占地327亩，规模宏大、建筑精美、布局统一和谐，体现了中国古代建筑艺术的传统和独特风格。它的规模和建造规格，与中国帝王建筑等同；而绵延了两千多年的建造历史，更使孔庙成为人类文化史中绝无仅有的一处建筑群。

孔府，孔子嫡系后裔居住的府邸，是中国现存最大、最豪华的贵族庄园。

孔林，葬埋孔子及其后代的陵园，占地近两百万平方米，是世界上延时最久、面积最大的氏族墓地。

这三座历史遗迹，坐落于中国北部山东省的曲阜市。公元16世纪初，中国明朝时期，为了确保远在县城以东10余里的孔庙不被流寇侵袭，县城东移，以孔庙为中心，用了十年的时间重建曲阜城，以达到保卫孔庙、孔府、孔林的目的。

在近2500年漫长的历史变迁中，到底是什么力量支撑着孔庙、孔府、孔林的香火，使其绵延至今而没有断绝过？

公元前549年，三岁的孔子失去了父亲，家境败落。母亲带着年幼的他来到国都曲阜，住在一条叫作阙里的小街道里。

儿童时代的孔子，非常喜欢模仿当时各种祭祀的礼仪，这成了他游戏的主要内容。在当时，只有贵族子弟才有接受教育的权利。虽然孔子过着清贫的生活，但毕竟还属于贵族阶层，应该有资格接受当时的贵族教育。

孔子说，三个人中，肯定会有一位可以请教学问的人。我学习别人的长处，做得不好的地方就一定要改正。十五岁的时候，他就开始把学习当成人生的第一需求。

家庭的贫寒、社会的动荡，使孔子始终感受着生活的艰辛、民众的疾苦。正是在这样一种环境下，孔子萌发了穷其一生都为之奋斗的目标，那就是改造社会的宏大理想。

孔子三十余岁时，已经因为博学的知识而闻名于诸侯之间。齐国的国君问孔子如何治理国家。孔子回答说：君就是君，臣就是臣，父就是父，子就是子。孔子的意思是：在国家里，君主拥有最高的权力；在家庭中，父亲应有绝对的权威。这是孔子针对当时混乱的社会秩序所说的。

孔子的这一政治主张，被他后来的继承者进一步发扬，成为中央集权制度的重要理论基础。孔子这样阐述他的主要政治思想：用行政命令管理百姓，用刑法来制约百姓，那么人们就会只图不犯罪而不知道羞辱；而用道德教化来管理国家，用礼仪约束百姓，那么人民不但有羞耻之心，而且能自己纠正错误。道德的力量远比行政命令和法制手段更加有效，统治者要"以德治国"。

在孔子看来，社会主要由君臣、父子、夫妇、兄弟、朋友五种伦理关系组成。有一次，孔子的学生子夏问孔子：什么是孝道？孔子回答说：现在所谓的孝，只是说能够供养父母的吃喝就行了。其实，人们对于狗和马都能给予饲养。要是内心对父母没有孝敬的情感，那么供养父母和饲养狗马又有什么区别呢？君王要敬重自己的大臣，大臣要对君王保持忠诚。夫妻之间要充满爱意，丈夫要尽到自己的责任，妻子要听从自己的丈夫。兄弟之间要谦让，长兄待年纪小的同辈要和善，兄弟们要敬爱兄长。朋友间要真诚相待，对于朋友的过失要诚恳地劝告。

孔子试图恢复君王的权力，以伦理道德的约束力，来阻止战争暴力的发生。这在那个大变革的时代，是不可能实现的。但是，每当中国社会趋于稳定的时候，孔子的思想都是统治者治国的首选方针。孔子的政治主张，有利于中央集权的巩固；而伦理思想则是平民百姓处世做人的准则，这形成了一个国家稳定的社会基础。

孔庙的外大门又被称为"仰圣门"。门额上的四个大字"万仞宫墙",是比喻孔子的学问高不可攀,深不可测。

孔庙,主体建筑贯穿在一条长达1公里多的南北中轴线上,门坊54座,房屋466间。由9个院落共同组成。

棂星门,孔庙的第一道大门。建于公元1415年。"棂星门"这三个字是清朝乾隆皇帝所写,意思是孔子是上天派到人间主管文化的圣人。

圣时门,孔庙的第二道大门,建于公元14世纪,它立于台基之上,四周是深红色的墙面、杏黄色的

曲阜孔庙棂星门

墙里，和谐而庄严。

孔子说：没有人的弘扬，就不会存在高尚的道德情操。弘道门，是孔庙的第三道大门，建于1377年。

大中门，孔庙的第四道大门，始建于金代，清康熙年间按照皇宫形式重修。大中门内，庭院开阔，古木葱葱，气氛幽深而庄重。

同文门，改建于明代，是孔庙的第五道大门。这是一个独具特色的建筑，两旁没有墙垣的连接，独立在庭院的中间。在它的四周，各有巨大的碑亭一座，分别由明代的四位皇帝所立。每座碑都有6米高，碑下的龟趺高达1米。碑文都是赞美孔子的语言。这些碑文，也是中国书法艺术的典范代表。

杏坛，相传就是孔子当年讲学的地方。它始建于公元11世纪。高12米，双层黄瓦飞檐，亭内藻井彩绘盘龙，色彩绚丽。杏坛前的这个石刻香炉是金代所造，古朴典雅。香炉内飘散了千年的渺渺轻烟，让人回想到两千多年前孔子作为教师的情景。

孔子约在30岁时，创办了中国历史上第一所私人学校。无论出身于哪个阶层的人，不论高低贵贱，都可以跟随他学习知识。

孔子开创了中国历史中平民教育的先河。教师，也成了孔子终生的职业。

相传，孔子的课堂气氛祥和而生动，经常会出现这样的情景：孔子带着他的学生在附近的树林中游玩，休息时弟子们围坐在老师的周围，读书学习。而孔子，往往是一边弹琴一边唱歌。在学生们的眼中，孔子对他们虽然态度温和但要求严格，很有威严但不乱发脾气，始终显得庄重而又安详。相传孔子一生有学生3000多人，其中有所作为的有72人。

中国历代帝王和统治者们对孔子的尊崇，在这个院落中得到了最直接的表达。

十三碑亭，从公元1191年到公元1748年，经过557年陆续建成。存放了中国唐、宋、金、元、明、清、民国1000余年间所立的533幢碑石，碑文基本上都是崇敬孔子、祭拜孔子的文字。每个碑亭均为木结构，呈正方形。石碑立在这种似龟非龟的怪兽身上，它叫作赑屃（bì xī），是中国神话中龙的儿子，善于负重。也只有皇帝所建造的石碑，才能够立在赑屃的身上。

大成门，孔庙的最后一道大门。门顶黄琉璃瓦覆盖，金碧辉煌，气势不凡。它的东西两角，分别都和两个碑亭的重檐相互交错，形成了钩心斗角的建筑风格。这是中国古建筑中的一大奇观。

走过了一个如此纵深的空间，祭祀和朝拜的人们，在内心早已去除了躁动不安的情绪，怀着敬仰的心情走入孔庙的中心。

在这一片双层石栏的台基之上，一座金碧辉煌的大殿凌空而起，在双重飞檐的中间，木刻贴金的群龙紧紧地护着"大成殿"三个字，这正是孔庙中祭祀孔子的核心建筑。

大成殿殿高32米，东西长54米，内殿深34米。始建于11世纪的宋代，后来毁于大火。至清朝雍正皇帝时，特许以皇宫规格重新建造。大成殿体现了中国古代高超的建筑艺术，整个建筑色彩对比强烈，庄重而华丽。

大成殿最为精彩杰出的建筑，是大殿前檐下的10根圆形石柱。这些石柱均雕刻于明代，是由当时安徽徽州的石匠用了20年时间完成的。每个石柱高近6米，全柱采用深浮雕的高超技法，每根石柱上雕刻着升腾和向下盘旋的飞龙各一条，在云海中戏争火球。10根龙柱两两相对，无一雷同，造型优美，气象万千。

大成殿的两侧是长达百余米的东西两庑[①]，两排红色的长廊衬托着出大成殿的气势。庑内这些木制牌位，供奉着156位孔子的学生和后来的杰出继承者。

---

① 庑（wǔ），堂下周围的屋子。

大成殿正中便是孔子的塑像。孔子生动活泼地向人们阐述人间大义的形象，在被搬入庙堂之后，呈现出来的则是一副接受众生顶礼膜拜的庄严表情。至此，孔子已经被中国历朝历代持续了两千年的尊崇，彻底地变成了一个无所不能、无所不知的人间圣人。

孔府位于孔庙的东侧，前后有九进院落，又分

孔府著名的戒贪图

为中、东、西三组建筑群。共有厅、堂、楼、房463间，占地面积240余亩。现在保存下来的基本是明、清两代的建筑，是一座中国古代独特的、官衙与内宅合一的贵族庄园。

孔庙、孔府集中地体现了中国近一千年来的建筑风格。特别是明清时期，中国古代建筑达到了前所未有的水平，建筑多以木材作为整体的构架，用各种形式的斗拱支撑结构。庭院式的布局，注重对称。孔庙、孔府的建筑正是体现了讲究造型和整体布局的空间处理方式，既是建筑，又蕴含了孔子思想中万物和谐共处的意念。

两千多年来，同孔庙、孔府一样，孔林经历朝历代的扩大、修缮，总面积达两百万平方米，比今天的曲阜市要大得多。孔林内有各种树木4万余株。相传孔子死后，他的学生带来了四面八方的树种，栽种在墓地之中，其中有很多珍稀的品种，构成了一处古老而浩大的人造园林。

走过一座石桥之后，便进入了孔子墓地所在的区域。

先是经过一座高台大门，穿过后便是一条甬道，甬道两旁有四对建造于公元11世纪的宋代的石仪。

孔林

    这就是中国一代伟人孔子的长眠之处。孔墓，长约30米，高约5米，形似马背，这是一种特殊尊贵的筑墓形式。这块墓碑立于公元1443年，篆刻着"大成至圣文宣王墓"，这是一个已经无以复加的崇高称号。

    孔林历代的碑碣有3000多块，记载着千年来孔氏家族的兴衰荣辱，这些碑碣上的墨迹，成为研究中国书法艺术的宝贵实物资料。

    孔林，世界上规模最大、年代最长、保存最完整的一处氏族墓地。2000多年来，已经有10万多孔子的后人陆续埋葬在这里，时至今日，从没有间断过。

孔子的一生，经历了太多的悲痛，17岁时便成孤儿，晚年时妻子、儿子、最喜欢的学生相继去世。

公元前479年，孔子73岁。这年4月的一天，孔子把弟子们召集到自己的身边，对他们说，我把这些整理好的书留给你们。书在，思想就在。我死后，你们不要守在这里，要走到天下四方，去传播做人的道理。

孔子的政治思想，是中国持续了2000余年封建体制的主要支撑力量。

孔子的伦理思想，塑造了中国人的主体人格。

今天，孔子的影响，遍及了整个世界。

武夷山

这是地球上最典型的丹霞地貌,峰崖奇石、千姿百态;地貌景观、丰富多彩。

山,依水而立;水,环山流淌。

这里是全球生物多样性保护的关键地带,原生性森林生态系统保存完整,各种珍稀的物种留存至今,被誉为"世界生物之窗"。

在深山峡谷之中,生长着一种神奇的植物——茶。它散发的清香影响了全世界的口味。

这个地处偏僻的山区,至今还保留着一处古老的村落,中国著名的古代哲学家曾经在这里生活。整整七个世纪,他的学说成了中国封建社会的思想文化主体。

这里遗留着一座尘封了两千多年的王城遗址。一个位于中国最南方,曾经辉煌过,但最终走向消逝的古代文明。

这里，就是地处中国东南部福建省的武夷山。

武夷山，位于东经117度，北纬27度之间，属于中亚热带。地处中国福建省的西北部，总面积999.75平方公里。

公元1193年的一天，居住在武夷山的一位文人，迎来了他盼望已久的诗人朋友。两人同乘竹排，趁着清晨的阳光，在九曲溪中，展开了武夷山人文历史当中著名的一次观光之旅。

九曲溪，发源于武夷山南麓，流经中部时，在两岸近10千米的奇峰之间，奔流出十八个优美的弧线。

九曲溪流，时而舒缓、时而湍急，环山就势，终年流淌不息。两岸林立的奇峰，天成有序的排列，每一座山峰都是由整块的独石构成，体积庞大，形态各异。各色美景，次第呈现在他们的眼中。

巨大的岩石，丰然壁立，犹如一只雄鹰，凌空而起，仰天欲飞。大王峰，昂首挺拔，四壁陡峭，形状如同王冠，雄浑奇伟。玉女峰，孤立于群峰之间，挺拔秀丽。

来访的客人叫辛弃疾，是中国一位著名的诗人。居住在此的就是朱熹，中国古代最伟大的思想家之一，他的一生大部分时间是在武夷山中度过的。那一

武夷山玉女峰

天,他们各自谱写了赞美武夷山的优美诗篇,这些文字一直流传至今。

今天,大自然依然在武夷山显示着它慷慨的一面,为人类展现出难以比拟的优美风光。

经历了亿万年地质地貌的变化,武夷山最终形成了地球上一处罕见的自然美地带。一座座峰岩不断隆起,河谷逐渐下陷。山色因地热氧化而呈现出红褐色,最终演变为典型的丹霞地貌。

在地球同纬度的区域,大多为植被稀少的沙漠地带。而神奇的自然之力,却使武夷山形成了同纬度地带面积最大、保存最完整、形态最典型的中亚热带原生性森林生态系统,造就了武夷山举世罕见的独特景观。

武夷山的主峰——黄岗山海拔2157.8米,是中国华东地区的最高峰。它挡住了来自北方的寒流,又拦截下湿润的海洋暖风,使得这里四季分明,多雨潮湿,营造出了一个优越的生态环境。随着海拔的递增,山中呈现出五条特色鲜明的植被垂直带谱。

11个植被类型,840种低等植物,2888种高等植物,武夷山囊括了我国中亚热带地区所有植被类型,这在全球同纬度区域内绝无仅有。

武夷山的红蜻蜓

目前，全世界共有昆虫34个目，武夷山就有其中的31个目，4635个种类。据专家统计，武夷山中还有15000余种的昆虫资源，有待研究发现。武夷山，堪称"昆虫世界"。

就在这近1000平方公里的茫茫林海之中，几万年前就出现了人类的足迹。

城村，坐落于武夷山南麓，是一个具有千年历史的古老村落。现在村民的祖先并非当地的原居民，而是约在公元6世纪，从中国北方迁徙而来。千余年来，这里世代流传着一种说法：在更加久远的岁月中，曾经还有一个族群在这里生活过。大约两千余年前，这个部落族群甚至在这里建立起了一个国家政权。

就在这溪流之上的悬崖缝隙之间，摆放着许多船形的棺木，高出河面几十米，有的甚至达百余米。已经发现了40余具悬棺和大量支撑悬棺的木板，这就是武夷山最富传奇色彩的古代遗迹。这些棺木历经三四千年风雨而不朽，是目前世界范围内最早的悬棺遗迹。生前居于洞穴，死后仍然不离绝壁。武夷山的古人为何将棺木高搁在悬崖峭壁之上，又究竟是用什么方法将它放进岩洞之中？流传的各种说法和猜想都因缺少科学依据，而难以成立。悬棺而葬，也就成了中国古文化的一个"千古之谜"。

其中有一具悬棺已有3500年左右的历史。它全长3.46米，是用整株楠木掏挖而制成，至今依然纹理清晰，保存完好，外观为舟船造型，棺内有竹席包裹的尸骨一具。船形悬棺，或许是死者对生前生活方式的眷恋，蕴含着生者期望亲人灵魂早日回归故乡的心愿，承载着一种武夷山先民对高山大河的敬畏，希望灵魂不灭的原始信仰。

在悬崖之间生活的传统历经千余年后仍然继续着。古崖居，建筑在武夷山一处30多米高的绝壁之间，无路可行。这组建筑充分利用了天然石缝洞穴，修建了客厅、储物间、卧房。天下大乱，灾难来临之时，当地居民便会效仿先民的习惯，悬空而居。

公元前2世纪中国的史书中，简单地记录了一个叫闽越的王国。这个王国因为不服从当时汉王朝的统治，被汉朝大军征服，他们一把火烧掉了闽越国的王宫，并将国中的老百姓全部迁往北方。这个闽越古国仅存世92年。

两千余年后，20世纪80年代，中国的考古学家在武夷山城村附近的丘岗之上，经过两次规模较大的钻探和挖掘，闽越古国，一个消失了两千多年的古代文明，终于重见天日。

考古挖掘的事实证明，这处坐落在山川聚合之处的建筑遗址，就是约在公元前110年被烧毁的闽越国的王城。

王城中的主殿，坐落于其中心位置的一块高坪之上。整座大殿被众多的矮柱架起，下层与地面隔离，可以使空气流通，减少潮湿，防止虫蛇的侵害；上层则是人们活动的区域。

主殿坐北朝南，呈长方形，面积达930平方米。整个主殿建筑在一条中轴线上，形成了一个高大封闭的独立式格局，共占地20000平方米。

闽越古国的王城，各种建筑群依山势地形，错落分布。夯土筑造的城墙随着山峦的起伏而建。西北处的制高点上建有瞭望台。王城北靠青山，成为天然的屏障。东北部面向冲积平原，一片良田沃野。北部有一条借助西高东低的山势，自然引出的河流，并建有单独的水门。中部偏南有一条人工开凿的河道，由西向东穿越王城，可运输庞大、沉重的物资，并专门开设了东西水门。两条河流穿城而过，最后汇入主流崇阳溪。整个王城开设东、南、西、北四道城门，共占地48万平方米。在遗址中，还出土了大量的文物，代表了当时的生产水平。

在这片土地下，沉睡了两千余年的闽越国王城遗址，见证了一段曾经兴盛但最终走向消逝的辉煌历史。

五夫里，武夷山区域内一个历史悠久的古村落，始建于10世纪中叶，距今已有1000多年的历史。公元1143年，一个14岁的年轻人来到这里求学、定居，他就是朱熹。公元前6世纪的孔子创立了被后人称作"儒教"的中国儒家思想文化，确立了中国最早的人文伦理和社会秩序。公元12世纪，朱熹继承并发展了孔子的传统儒学精神，构建了新儒学的思想理论体系，他的学说被后人称为"朱子理学"。朱熹，是中国古代历史上继孔子之后最有影响力的思想家之一。

五夫里的兴贤书院，朱熹曾长期在这里讲学。当年，那些左邻右舍的子弟，慕名而来的学子，就是在这里聆听朱熹的教诲。这段现在被精心保护的房屋残墙，就是朱熹在公元1183年创办的中国第一所民办大学——武夷书院——的建筑遗迹。

武夷书院坐落于隐屏峰下，是武夷山最重要的人文建筑。朱熹在此著述讲学8年左右的时间，慕名而来的文人学者，络绎不绝。由此，武夷山成了中国古代思想文化的一个重要的发源地。

朱子理学的核心是天理。所谓天理，不依赖于

武夷书院

物质世界而独立地永恒地存在,无始无终。在自然界中,天理是宇宙万物的根源,万物虽有不同的表象,但相互之间一定存在着各种关联,因为天理是它们的根本。

在社会层面,天理就是大家共同认可的伦理准则,永恒而至高无上,是真善美的化身。人的各种欲望,就是天理的敌人。追求天理,人就必须克制自己的欲念。

朱熹的这些哲学思想,具体地体现在他对儒家的主要经典著作的解释与阐述之中。他用一生的时间,撰写了《四书章句集注》一书。公元1313年,元朝的皇帝诏令，以朱熹的这本著作为国家科举考试的主要内容，朱熹的批注成了官方的解释。朱子理学，也成为中国封建社会后期700余年间思想文化和意识形态的主流。

在深山峡谷之中，溪水环绕的河畔，终年云雾缭绕，光照适宜。一种植物独享着这份大自然的恩惠，散发出滋味醇厚、回味绵长的独特清香。千百年来，它始终伴随着武夷山人的喜怒哀乐，成为他们生活中的一个重要的组成部分。这就是武夷岩茶，武夷山独有的一种生长在岩石上的茶叶。

茶洞，深藏于悬崖峭壁之间，天光从上而下，瀑布终年流淌，相传，武夷山的第一棵岩茶就栽种在这里。

公元1302年，元朝皇家在九曲溪畔修建御茶园，年制贡茶360斤，武夷岩茶正式成为献给朝廷的贡品。17世纪，武夷岩茶开始出口，畅销欧洲。如今，许多西方国家依然将武夷岩茶称为"中国茶"。

岩峰环抱之中，有四株茶树生长在一侧峭壁之上。它们树干较粗，枝叶茂盛，深绿色的叶片光滑发亮。这就是已有三百余年树龄，名扬中国的原生代茶王"大红袍"。今天，以"大红袍"为代表的武夷岩茶已成为茶中珍品。

武夷岩茶

　　饮茶，对于中国人而言，早已脱离了简单的解渴、提神，满足生理需求的层面。经过千余年的演变，围绕着饮茶而进行的一系列仪式，已经沉淀为一种文化和生存的样态，成为许多人的精神追求和寄托。

　　每年五六月间，武夷山进入雨季。此时，水就如同武夷山的精灵。悬崖峭壁之间，水帘随风飘散；形态各异的瀑布，凌空飞泻；奔涌的溪流，连绵不绝。武夷山，全球罕见的自然美地带，珍稀濒危动植物的栖息地；武夷山，一个大自然精心构筑的遗世杰作；武夷山，见证了一段已经消逝的古老文明，是中国传统思想的发源地之一。

莫高窟（上）

敦煌的七月，漫长的夏季远远还没有结束，莫高窟开始迎来她的旅游旺季。在景区讲解员的导游路线中，有一个小小的洞窟经常会是参观的起点或终点——这就是著名的藏经洞。

100多年前，这个幽秘的禁地还不为人所知，洞口的流沙掩埋了所有的秘密。

1900年，20世纪开启后的第1个年头，道士王圆禄的生活过得平淡无奇。时局混乱，能有个容身之所已经不容易。从1897年到莫高窟算起，他来敦煌已经整整3年。作为这里的住持，他一直努力地四处奔波、筹集善款，但日常清扫洞窟里流沙的工作就占据了他大部分的时间。

"忽然山裂一缝，贫道同工人用锄挖之，欣出闪佛洞壹所，内藏古经万卷。"一个意外的发现打乱了他平静的生活。在写给慈禧太后的一封信中，他这样描述藏经洞发现的过程。他此时一定没有想到，荣耀和耻辱已经同时在远方向他招手。

1907年的春天，斯坦因率领的驼队正沿着古老的丝绸之路行进在沙漠中。这位英籍匈牙利人从小就立志当一名探险家，他痴迷于寻找那些失落的文明。

这次他将探访的地方是敦煌城外的莫高窟，一个有着1500多年历史的佛教圣地。在茫茫的沙海中，斯坦因努力寻找着敦煌的方向。

时间上溯1600多年，公元4世纪。这是一扇坐西向东的普通崖壁，南北绵延1000多米。鸣沙山和三危山寂静地环抱着这一处小小的绿洲，大泉河水日复一日地在崖壁前流淌。

公元366年的一天黄昏，行游到此的乐（yuè）尊和尚看到了一个奇异的景象——对面的三危山突然霞光万道，似有千万化身佛在熠熠金光中浮现。

乐尊确信这是佛祖对自己的暗示。他决定，要在三危山对面的崖壁上开凿一个洞窟。

莫高窟1200多年的营造历史就此开始。为了纪念乐尊开创首窟之功，后人将这里称为莫高窟，意思是"莫高于此僧"。这就是莫高窟名称的由来。

崖壁上的洞窟（图片来源：《世界遗产在中国》纪录片）

从乐尊开辟第一个洞窟一直到元代，莫高窟的营造史像是一场永不间歇的接力。崖壁上的洞窟如同蜂房一样密密麻麻，后来的洞窟营造者常常因为选择不到一块合适的开窟位置而苦恼。

莫高窟这种兴盛的局面很大程度上缘于一位使者的西行之旅。

公元前138年，汉武帝刘彻派一个叫张骞的年轻人从汉朝首都长安出发，穿越大漠联络因匈奴侵扰而西迁中亚的大月氏（ròu zhī）人。他希望能够说服大月氏人和汉朝联合起来对抗匈奴。

张骞的两次西行虽然没能实现汉武帝的初衷，但他15年生死卓绝，踩出了世界历史上著名的"丝绸之路"。在莫高窟 323 窟的北壁，我们可以看到最早的关于张骞出使西域的壁画。

此后，汉武帝又先后派大将卫青和霍去病攻打匈奴，汉朝的版图逐渐扩大到了河西地区。武威、张掖、酒泉、敦煌河西四郡先后设立，并增加了玉门关、阳关两个边塞要地。从此，丝绸之路得以畅通无阻。

东来西往的驼队一路浩浩荡荡。从长安出发，这条贸易的道路可以一直延伸到古罗马帝国，而敦煌是这条路途上的重要中转站。

行走在丝绸之路上的不只是那些驮着货物的商队，还有那些背着经卷、四处传法的僧侣。他们大都来自印度或中亚，在他们眼中，中国是一个"东胜神洲"，那里富庶而恣意，是僧侣梦寐以求的传法之地。

他们东行之路上，往往会在敦煌停驻。留得久的，便寻找他们认为具有佛缘且适合修行的山崖开建石窟，用以坐禅和静修。

距离敦煌市城 20 余公里大泉河畔的那块崖壁正是这样的理想之所。沙砾岩的材质非常便于开凿，而干燥的气候，又恰好适合泥塑和壁画的保存。

第 268 窟（图片来源：《世界遗产在中国》纪录片）

这里距离交通要道不远，附近的百姓和来往的商旅可以前来礼佛、造窟。平日里又相当幽静，是参悟佛理的好场所。

268 窟是如今莫高窟存留下来最早的洞窟，里面的 4 个小窟仅能容坐一人。这种洞窟被称为禅窟，是供僧人禅修、诵经的洞窟。

在 285 窟的主室左右各有四个小型禅窟。而在窟顶的一周，一共画了 35 个禅窟。禅窟之外山峦重叠、野兽出没，猎人拉弓追射野牛；而禅窟内修行的禅师却结跏趺坐[①]、闭目沉思，显露出参禅入定的宁谧。东壁龛内的一尊禅僧像，更是让我们可以如

[①] 跏趺（jiā fū），佛教中修禅者的坐法。

此具体地看到僧侣在莫高窟的洞窟中打坐修禅时的情景。一切宛如当年。

在去往敦煌漫长的行程中,斯坦因率领的驼队经历了重重的艰难险阻,严寒和缺水差点夺去了他们的性命。

依靠路途中那些破败烽燧的指引,或者也依靠些运气,斯坦因终于来到了莫高窟。

而莫高窟的住持王道士,此时正在为筹集修造道观的银两而四处化缘。斯坦因只好等着。

不过,利用这段时间他自己先去考察了一些洞窟。由于年久失修,许多洞窟已经破败不堪,但让他惊讶的是里面的许多雕塑、壁画却依然完整、鲜艳。

今天编号第257窟的西壁,留存有一幅描绘九色鹿故事的壁画。它距今已有一千五百多年。

相传九色鹿在恒河中救起了一名溺水男子,男子得救后千恩万谢,答应永不泄露九色鹿的住所。但后来,男子却贪图世间的富贵,向国王和王后泄露了九色鹿的行踪。国王带队抓捕的时候,从九色鹿的口中知道了事情的原委。国王放弃了抓捕。最后男子遭到报应,全身长满了烂疮。

在第 428 窟中还有一幅著名的壁画。

传说萨埵（duǒ）那太子外出游玩归途中看到饿得奄奄一息的七只乳虎和一只母虎，于是他用树枝刺破自己的颈部，纵身跳下山崖，以身饲虎。当他的兄长赶到时，萨埵那太子只剩下了一堆白骨。

依照佛经的记载，九色鹿和萨埵那太子都是佛教创始人释迦牟尼的前世。

释迦牟尼因为在前世轮回中做下种种善事，才终成正果。

这种颂扬释迦牟尼前世善行的故事画被称作"本生故事画"，它典型地体现了佛教因果报应、苦修行善的主张。

在第 285 窟画里有一幅五百强盗成佛图。这幅壁画，讲的是古印度时，曾有五百个强盗到处杀人放火、抢劫作乱。他们后来被抓住挖去了双眼，放逐深山。释迦牟尼大发慈悲，用雪山香药治好了他们的眼睛，并现身说法。五百强盗最终皈依佛法，修成正果。

这种讲述释迦牟尼成佛后度化众生的壁画被称为"因缘故事画"。

趁王道士还没有回来的这段时间，斯坦因决定先去考察敦煌西北的古长城。

他的运气不坏，在长城的一个烽燧里，他和助手发现了一些书信模样的纸质文书。文书上的字迹仍然清晰可辨。斯坦因是个精通多国语言的考古学家，可他翻来覆去地看了很久，竟然完全看不懂这些奇特的文字。

直到后来，才知道这是几封粟特文的信札。

粟特人是古代丝绸之路上最重要的商业民族之一。他们善于鉴别宝物，玛瑙、珍珠是其经营的主要商品。他们也贩卖各种有用的生活物资，来到敦煌以后，买卖几个能歌善舞的舞伎也是重要的交易目的。

大批粟特商人聚集在这里，推动着当年敦煌地区商业贸易的繁荣。

然而，当斯坦因20世纪初来到敦煌市城的时候，这里只剩一片破败、荒凉。

那个商队络绎、使者往来、中西交汇的丝路重镇，斯坦因已看不到一点痕迹，他只有在莫高窟的洞窟里面，才能隐约寻得一些当年的影子。

西壁的佛龛内，释迦牟尼佛和多宝佛身披袈裟，并坐说法。他们的衣褶用刻刀刻出深浅不一的线条，表示密集流畅的衣纹线，看上去似薄纱透体，好似刚从水中出来一样。

这种手法被称为"湿衣法"，也是从犍陀罗艺术脱胎而来。中原画家曹仲达以此技法出名，这就是中国画中著名的"曹衣出水"。如今，曹仲达的画早已绝迹，但传说中的"曹衣出水"还能在莫高窟看到。

斯坦因由新疆自西向东的探险路线正像是东西两种文明相互影响、渗透的交融线，而它们最后在敦煌汇聚。

编号285窟窟顶的壁画中出现中国神话中雷电风雨四神，以及种种神禽、瑞兽，还有传说中人面蛇身的伏羲、女娲。在敦煌当地出土的汉墓画像砖中，也发现了和壁画中形象相似的伏羲、女娲像：他们

第285窟壁画中的瑞兽形象（图片来源：《世界遗产在中国》纪录片）

手持规矩墨斗，胸前的圆轮中分别画着三足鸟、蟾蜍，代表着日与月。

没有明确的史料记载这个大型洞窟的窟主是谁。莫高窟中的许多洞窟都是如此，仅仅可以从洞窟壁画中看到这样一行题记——大代大魏大统四年。这一年是公元538年。这时敦煌的行政长官是一个名叫元荣的人。他来自洛阳，出身皇室，是第一位被中原王朝委派牧守敦煌的皇室贵族。但他同时是一名虔诚的佛教徒，经常请人抄写佛经。

在这块如今已经残缺的石碑中，记载了元荣在莫高窟修造洞窟的事迹："复有刺史建平公、东阳王等，各修一大窟。"

碑文提到的东阳王即是元荣，他开凿的大窟是否就是现在我们看到的285窟呢？

洞窟中的供养人像可以给我们一些提示。供养人一般是指奉献自己的资产、造建洞窟的人。这些长长的供养人画像表明当时出资造窟的并不是一两个人，而是集群体之力修成。我们可以从中看到一些穿着王公、嫔妃服饰的人像，这其中很可能就有元荣夫妇。

公元589年，隋文帝杨坚统一全国，300多年分裂的格局宣告结束。一个崇信佛教的皇帝开始统治天下。

隋文帝杨坚从出生到13岁一直居住在尼姑庵中，他的儿子隋炀帝杨广更是亲身被授予"菩萨戒"的信徒。

在隋代短短30余年间，莫高窟的营造呈现出繁荣景象，以每年平均3个洞窟的速度扩张，崖面上的洞窟由星星点点逐渐相连成片。

洞窟中的雕塑逐渐开始圆润、大气，壁画中的飞天渐次展现曼妙的身姿。

这似乎都正在暗示着，一个伟大的时代即将到来。

"除了王道士、他的两个助手以及一个身份卑贱的西藏喇嘛外，整个遗址别无他人，一片荒凉，仿佛是一个被人们忘却了的地方。"1907年5月21日，在结束长城遗址的考察后，斯坦因重返莫高窟，他用这些照片和上面的那段文字记录下当时的情景。

从隋代到斯坦因初到敦煌的1907年，这一千多年之间，是什么让莫高窟从兴盛到荒凉？它究竟经历了怎样的命运起伏？斯坦因到这里来找寻什么？而他来了又走，身后给莫高窟留下的将是怎样的印迹呢？

莫高窟（下）

1907年5月，斯坦因重返莫高窟时，终于见到了王道士。

"他是一个孤傲的、忠于职守的人。但是，他看上去有些古怪。"这是斯坦因对王道士的第一印象。

"第二天一早我就开始对几个主要的洞窟进行考察，并对一些较为重要的壁画进行拍照，以此来掩饰我此行的主要目的。"斯坦因保留着每天写日记的习惯。

然而事情进展得并不顺利，王道士始终不愿意打开藏经洞封闭的大门。

时间一天天过去，斯坦因不得不在洞窟前扎起帐篷，长住下来。但此时，他并不知道，其实他的手中已经掌握了打开藏经洞大门的钥匙。

公元627年，唐太宗李世民即位，改年号为贞观。这时，被隋炀帝打通的丝绸之路又被突厥人的战马所阻断。

4年后，唐将李靖大破突厥，曾经不可一世的突厥部落终于向大唐俯首称臣。

此后，唐王朝不断向西经营，在河西走廊分设沙州、瓜州、肃州、甘州和凉州。敦煌，此时被称为沙州。

就在李世民登基那一年，玄奘开始了他的西行取经之旅。他跋涉十多万里，抵达印度取回了几百

第3窟唐僧取经图（图片来源：《世界遗产在中国》纪录片）

部佛教经典，前后历时 17 年。他的这些故事被记载在《大唐西域记》中。

在莫高窟斑驳的壁画中，我们可以看到玄奘西行取经的画面。

斯坦因探险的路上就随身带着一本《大唐西域记》，在他眼中，玄奘勇敢且令人钦佩。有一天，他突然想起自己给王道士照的一张照片，王道士身后不正是唐僧西游的壁画么。在一卷王道士送来的经卷的边角，斯坦因和助手更是发现了"玄奘"两个字。这很有可能就是玄奘早年翻译的汉文佛经写本！

对玄奘大师共同的崇拜，让斯坦因找到了沟通的桥梁。

不知什么时候，王道士开始偷偷拆除堵在藏经洞入口的砖墙。

敦煌城外 20 余公里的莫高窟，在唐代迎来了最为重要的营造时期。

木工、塑匠、画师等开凿洞窟所需的工匠纷纷来到了这里。开凿洞窟成了当时敦煌地区的一种风尚。

这个时期，根据佛经而绘制成的经变画，开始满壁地出现在洞窟中。这种壁画气势恢宏、大气而磅礴，有如唐代强盛的国势。

大唐是一个开放的国度。通过丝绸之路，西域的文化前所未有地同中原文化相互影响、融合。

我们可以通过乐舞来审视当时的这种中西交流。中原的舞蹈往往轻歌曼舞，舞姿柔美而优雅。但在唐代莫高窟的壁画中，我们看到了完全不同风格的舞蹈。这些舞蹈来自西域，自由奔放、节奏欢快；传入中原后风行一时。

这些在佛国世界奏乐、跳舞的是伎乐菩萨，她们用音乐、舞蹈来侍奉无所不能的佛祖。

公元690年，一批僧侣走在前往东都洛阳的路途之上，他们此时的目的是将《大云经》进献给武则天。

武则天将《大云经》颁布天下，全国各地兴起了营造弥勒佛的风潮。

九层楼是莫高窟标志性的建筑，它位于北区石窟群的中段。依山而建，气势雄伟。

整个洞窟只有一尊高达35米的弥勒佛像，据说它的头像就是根据武则天的面容而塑造的。

这是莫高窟营造史上规模最大的一个工程，是

高窟九层楼建筑

世界上最高的室内石胎泥塑,被称为北大像。

公元755年,安史之乱爆发。军队被东调平叛,整个河西地区陷入战乱。敦煌城被乱军包围,城里的居民处于无边的惊恐之中。

就在这时,当地望族李大宾捐造的一座佛窟落成。这是个巨大的涅槃窟,主室为南北横长方形,设大像台,上塑长达14.4米的涅槃像。我们无法得知李大宾在危局中组织修造佛窟、安排观礼是否有着特殊的意味,但正像周武帝灭佛时敦煌民众仍坚持造窟一样,莫高窟这个佛教圣地是敦煌民众精神的寄托。

62年后，敦煌人张议潮率众起义，陆续收复敦煌及河西各地。

3年后的夏天，张议潮派遣使者前往长安报捷，以表归附。4个月后，张议潮被任命为归义军节度使。接到任命后，张议潮举行了盛大的庆贺游行。在他后来修建的功德窟——莫高窟156窟的南壁上，那次壮丽的游行场面被绘制成一幅壁画长卷，至今保存完好、栩栩如生。

在张议潮起义的队伍中，有一个名叫洪辩的和尚，他率领敦煌寺院的僧侣和起义军并肩作战。

因为辅助起义有功，洪辩成了河西收复后的第一任河西都僧统，这是当时敦煌地区佛教的最高管理者。

公元851年，由洪辩组织修造的第16窟开始了营建。他特意命人在洞窟甬道北侧开凿了这个小方室，以作修禅之用。

11年后，洪辩去世，他的族人及弟子将禅窟改为为影堂，在洞窟中塑立洪辩的真容像。

在端坐了一百多年后，公元1006年，洪辩的塑像被人从洞窟中请了出来。不知道是为了躲避战乱，还是为了挪作他用，洞窟里被堆放上密密麻麻的经卷后，突然关闭了。

此后的近一千年，这些经卷静静地躺在幽暗的洞窟中，似乎已经被人们彻底地遗忘。

"借着道上摇曳不定的灯光，我睁大了眼睛向阴暗的密室中看去，只见一束束经卷一层一层地堆在那里，密密麻麻，散乱无章。"

王道士终于答应让斯坦因进藏经洞，他在后来的考察笔记中这样描述当时看到的情景。

在随后的20多天，这个曾经属于洪辩和尚的小窟，成了斯坦因不断收获惊喜的地方。

张议潮起义后的第46年，148窟开窟人李大宾的重孙李明振来到了这里。此时，宝座上落满尘埃，野鸟筑巢而居。冷风透过破朽的窗户，呼呼作响。李明振感慨不已，他决定对洞窟进行一次大规模的维修。

在大历碑的背面，记录有148窟重修后的景象——"雕檐化出，巍峨不让于龙宫；悬阁重轩，晓万层于日际。"

唐代以后，像李明振这样的当地望族成为莫高窟营造中的重要力量。

这些世家大族往往将开凿洞窟纳入自己的家族

事业当中。建造一个规模宏大、制作精良的洞窟,是一个家族莫大的荣耀。

在第 61 窟的西壁上,有一幅总面积达 40 多平方米的壁画,名为《五台山图》。它是莫高窟最大的壁画。画中描绘了五台山方圆五百里的山川地形以及文殊菩萨在此显形的各种场景。

经历了唐朝的强盛和宋朝的羸弱之后,到了元朝,莫高窟的营造已经大不如前,自从朝廷将数万民众东迁从事农耕后,敦煌变成了单纯屯军的地方。莫高窟的衰落就已经注定无法避免。

元代末年的某一天,画匠史小玉正在构思、创作一幅洞窟壁画。

捐资修建洞窟的是智宝法师,他打算在这个新开凿的洞窟里画上一幅千手千眼观音经变画。史小玉是他招募的画匠。

史小玉画的是整幅经变画中最重要的部分,画面中心观音有 42 只手和 11 张脸。史小玉调动了所有不同的线条和描法,将不同的形体质感和人物的神情动态,表现得淋漓尽致。

这个洞窟今天的编号为第三窟,它曾经是古代敦煌城通往莫高窟的首站,现在则偏居莫高窟南区

第 3 窟千手观音复原图（图片来源:《世界遗产在中国》纪录片）

的一隅，窟门长期地关闭着，已经完全不对游客开放。尽管开凿的年代晚于大部分的洞窟，但它遭受自然的破坏却出奇地严重。壁画上的墨迹已经越来越淡。

但无论怎样，它都可算是莫高窟壁画艺术中最后的精彩一笔。

公元 1368 年，元朝灭亡。又过了四年，明朝在河西设置了嘉峪关，敦煌被抛置关外。莫高窟逐渐退出了人们的视线。

如果没有王道士，如果没有斯坦因，莫高窟沉寂和被遗忘的时间也许会更长。

但具有讽刺意味的是,这些经卷重见天日之际,莫高窟的厄运也紧随而来。

"我们没有充足的时间来仔细研讨这些文书的年代。我所关注的是我能从这里拿走多少藏经。令人奇怪的是,王道士竟然对这些无价之宝毫不可惜,这也使我内心颇感一丝轻松。当我从手头那些纷杂的藏品中挑出一些丝画、布画和文书以备以后深入研究时,他居然没有提出任何反对的意见。"

他挑选了九千多卷子和五百幅佛像绢画。这些东西,尤其是其中的绢画,几乎都是藏经洞里最珍贵的艺术品。

斯坦因之后,各国的考古探险队闻风而至。莫高窟遭受着一次又一次的劫掠。

今天,敦煌藏经洞的数万件文物散落于世界上十多个国家。

尽管时间紧张,斯坦因仍努力尽可能地收集更多的文物。有照片记录了他最后将所获取的文物装箱,准备带走时候的情形。

作为回报,斯坦因给了王道士二百两银子。此时,王道士正在修建三清宫,急需用钱。于是,他坦然接受了斯坦因的捐赠。

后来,敦煌的百姓得知了这件事,他们认为王道士一定从中赚了一大笔钱。王道士百口莫辩,只得装疯度日。

1931年,王道士去世。他的弟子们为他建了一座功德塔。如今,这座道士塔仍然矗立在莫高窟的对面。

1907年6月13日,如愿以偿的斯坦因拉着二十四箱经卷和书画离开了莫高窟。当他离开的时候,千佛洞刮起了这年春天的第一场沙尘暴。

斯坦因走了,他身后的莫高窟,原先堆满经卷的藏经洞豁然空了许多,像一道被划开的、正在流血的伤口……

龙门石窟

公元 675 年 12 月 30 日，香山寺的钟声响了，龙门还笼罩在晨雾中。

1300 多年前的这一天，伴随着东方升起的第一缕阳光，大唐帝国的皇后武则天亲临龙门，主持奉先寺石窟的竣工仪式。

据说，这一天洛阳的上空出现了万丈霞光，沿着伊水绵延数十里。在武则天热切的目光注视下，卢舍那大佛第一次向世人展露出她慈悲的笑容……

龙门位于洛阳南郊 12 公里，因两山相对、形似石门而得名。

在龙门开凿石窟的时间前后长达 400 多年，历经北魏、东西魏、北周、北齐、隋、唐共 6 个朝代。在 2100 多个窟龛中，现存佛像 10 万余尊，题记碑刻 3600 余品，佛塔 40 余座。工程浩大，气势恢宏，

龙门石窟全景

令人叹为观止。

龙门石窟的开凿是从古阳洞开始的。

公元493年9月,统一了中国北方的北魏政权在孝文帝拓跋宏的带领下,将首都从塞上的平城迁徙到中原的腹地洛阳,同时也把营造石窟的舞台从山西云冈转移到河南龙门。

古阳洞是孝文帝为去世三年的祖母冯太后营造的功德窟。正是在这位汉族公主的引导下,以游牧为生的鲜卑族开始向农耕文明靠拢。

这个小小的石窟寄托着孝文帝深深的追思和哀痛!窟中的佛祖释迦牟尼高高地端坐在正壁,做禅定的手势。两位面容清秀的菩萨分立两侧,表情庄重而文静。

从衣褶的重叠和厚重中可以看出，虽然龙门石窟已经不再是云冈石窟时期的"瘦骨清像"，但从变化多样的龛楣和佛像精巧细致的背光看，清瘦之美依然是北魏最流行的风格。

就在龙门石窟动工的同时，孝文帝颁布法令：讲汉语、穿汉服、改汉姓。即使皇帝本人，也舍弃了祖宗的"拓跋"姓，而改姓"元"。

这才是孝文帝元宏的真正目的，一个少数民族建立的政权，要想得到广大汉族同胞的认同，只有俯下身段，虚心学习先进的农耕文明，从而建立和维护自己的统治秩序。

元宏大规模开凿石窟，正是要借机把自己的想法公之于世，同时也期望能得到佛祖的庇护。于是，在以后修建的石窟中，汉文化的影响越来越大，而游牧文明的影子却越来越淡。

公元497年4月，阴谋逃回平城复辟的太子被元宏处死。这位北魏王朝的中兴之帝用强硬甚至残酷的武力，镇压着鲜卑贵族们对汉化政策的抵触。

宾阳洞中的佛像清晰地记录着元宏的心灵轨迹。

他们摒弃了游牧民族粗放、豪迈的特征，极力追求汉民族细致、婉约的风格。

云冈石窟中削方铲平的鼻梁到龙门则变得滚圆，既刻画出了佛的慈祥，又表达出了向汉民族靠拢的主观愿望。

而云冈石窟中尚隐含着几许粗犷气息的飞天，到龙门后也变得婀娜多姿，处处显露着体态轻盈的汉族女性妩媚的神态。

毫无疑问，正是孝文帝元宏和消失了的鲜卑民族，带着北方的箭和马呼啸而来，为中国历史推开了隋唐盛世的大门！

公元675年，沉寂了150多年的龙门再次热闹起来，在大唐帝国的皇后武则天的扶持下，卢舍那大佛落成剪彩。

佛像总高17.14米、头高4米、耳长1.9米，眼睛灵活而含蓄，嘴角微微上翘，给人一种庄严典雅、宁静肃穆之感。

在大佛开光的一刹那，皇后武则天有些迷离。

26年前，即公元649年，随着唐太宗的驾崩，当时被封为才人的武则天和其他妃嫔们一起落发感业寺，为先帝祈福。按照惯例，她们将在青灯古佛的陪伴下，耗尽余生。

但出乎意料的是，第二年，她就被唐高宗李治接回皇宫，在众人艳羡的目光下，一步一步登上了皇后的宝座。

冥冥之中，武则天感觉这些都是由于佛祖的庇佑。

为了开凿卢舍那大佛，武则天捐出了自己一年的脂粉钱。虽然两万贯对于这项工程来说只是杯水车薪，不过有了皇后做示范，王公贵族们自然趋之若鹜。资金的充裕让卢舍那大佛这样巨大的工程，

卢舍那大佛

仅用了3年零1个月就圆满竣工。

传说卢舍那大佛的面相正是以武则天为原型。自古以来，只有皇帝把自己的相貌与佛像融合，昭示君权神授，而一个皇后如何敢把自己的形象以这样宏大的规模雕刻在石壁上呢？

据史书记载：公元656年以后，唐高宗李治的身体越来越虚弱，国家大事都由皇后武则天决策处理，后者的威势甚至超过了唐高宗，当时并称为"二圣"。

当国家重权都掌控在武则天手中的时候，卢舍那大佛以她的面容为原型也就不足为怪了。

"卢舍那"的意思是指智慧广大、光明普照。伫立在大佛脚下，无论身处哪个角度，都能感觉正在被她智慧的目光笼罩着。日后，武则天为自己起名"武曌（zhào）"，这个"曌"字表示日月当空，是特意造出来的。她希望自己也能像卢舍那大佛一样，给普天下带来温暖和光明。

大佛的左侧为弟子迦叶，像高10.3米。虽然形体已经严重残破，但这位老僧严谨持重、饱经风霜的神态依然得到了淋漓尽致的展示。

弟子阿难身披袈裟侍立在大佛右侧，脸庞丰满，眉清目秀，文静温顺中有一种超脱世俗的清高之美。

在迦叶、阿难像的外侧，分别是文殊菩萨和普贤菩萨。

两尊菩萨像均高13.25米，头戴莲花宝冠，挂链状璎珞，体态丰腴，其端庄矜持的表情和含蓄高雅的神韵，犹如雍容华贵的唐代贵族妇女。

这些造像各自独立而又浑然一体，不仅代表了中国石窟造像艺术的最高峰，而且大胆地突破了宗教禁忌，将理想世界与现实生活有机地结合在一起，使我们穿越千年还能够清晰地感受到那个对世界影响深远的王朝——大唐帝国的辉煌！

继大卢舍那像龛之后，朝野僧俗为高宗、武后发愿造像的人越来越多，万佛洞就是其中颇具特色的一个。

公元680年11月，万佛洞正式完工。主尊阿弥陀佛高约4米，头上有着优美的波状发髻，脸庞圆润，体现了唐代盛行的以丰腴为美的审美时尚，表现出一种雍容大度、仪态轩昂的造像风格。

莲花宝座的束腰部位雕刻了四位托重力士，他们的肌肉突出、富于动态，与主佛的宁静形成了鲜明的对比。

后壁雕刻着54枝莲花，每枝莲花上各坐一尊菩萨。

在窟顶碑刻题记的外侧是姿态妩媚的飞天，这些飞天手捧供果、凌空翱翔；在每侧墙壁下部各有6位伎乐人，手持空篌、法锣、羯鼓等乐器专心演奏。

在南北两壁雕刻着15000多尊高约4厘米的小佛，他们与飞天、伎乐人上下呼应，共同营造出西天极乐世界里万人成佛的诱人场景。

公元683年12月22日唐高宗李治驾崩。敏感的大臣们感觉到了皇后称帝的愿望。公元688年六月的一个夜晚，有人在河南汜水里打捞起一块刻有《大云经》的石头，经文中称武则天为弥勒再世、当贵为天子。

按照佛教的说法，弥勒将取代释迦牟尼成为下一个宇宙大轮回的主宰，即未来佛。事实上，从唐高宗的中期开始，龙门石窟已经出现了众多弥勒像，而在北魏时多为男性的菩萨也变成了女性，她们丰腴健美，很多都是以当时的歌伎和宫廷艺人为模特雕刻的。

男女众生一切平等，菩萨未来必将成佛！

武则天苦心经营着这些偶像供人膜拜，其内心的真实想法已昭然若揭！

公元690年，在六万人上表的请求下，武则天登上了皇位。千百年来只有男人坐过的龙椅，第一次，让一个女人安详地坐在上面，接受文武百官的朝拜……

这一年，武则天六十六岁，她改国号为"周"，史称"武周"政权。

龙门石窟迎来了又一个开凿高潮。为了巩固武周政权、感恩佛祖的眷顾，武则天对龙门倾注了更

伎乐人浮雕形象（图片来源：《世界遗产在中国》纪录片）

多的心血，不仅西山的空隙都雕满了佛龛，龙门东山也开始大规模地开窟造像。

位于龙门东山的擂鼓台中洞又名大万伍佛洞，因洞中造有一万五千尊小佛像，且又比西山万佛洞的小佛像稍大而得名。它雕凿完成于武周时期，其目的正是为女皇歌功颂德。

主尊为弥勒佛，佛头于20世纪30年代被盗，现藏于美国旧金山亚洲艺术博物馆。

造像采取高浮雕手法，周围环绕着伎乐人、飞天、骑象和骑狮的童子，台座下部延伸出两朵莲花，每朵莲花上各站立着一尊菩萨，整个石壁浑然一体。

窟顶围绕莲花，飘浮着琵琶、钹等乐器，象征在佛国世界中乐器可以"不鼓自鸣"。伴随着不鼓自鸣的天籁之音，体态轻盈的飞天翩翩起舞，仿佛随时都会乘风而去。

看经寺是龙门东山最大的一个石窟，整个窟室的平面设计基本上呈方形。与同一时期其他洞窟最大的不同是，该窟正壁上没有主像，而是在洞窟地面的中央建坛，上面安置佛像以供人参拜。

据考证，该窟为禅宗开凿，洞窟造型模仿禅宗僧人打坐礼佛的禅堂。

禅宗的崛起标志着佛教中国化迈出了关键性的一步，从此佛教融入中国，与儒教、道教相辅相成，成为中国文化不可分割的一部分。

根据中国佛教史的记载，释迦牟尼去世后，将传法的任务交给了迦叶，迦叶寂灭后交给了阿难，最后至菩提达摩将衣钵传到了中国。

看经寺石窟这二十九尊罗汉，恰好与禅宗二十九祖相吻合，每尊罗汉像高约1.8米，神态各异、栩栩如生，共同见证了禅宗在唐代走向辉煌的历程。

公元705年正月，一代女皇武则天又把耗尽半生心血夺取的皇位归还给了李氏王朝。这个不同凡响的女性留给世间的最后一道命令，竟然是"除去皇帝的称号，称我为则天皇后"。

10个月后，武则天皇后病逝，与他早逝的丈夫唐高宗李治合葬于乾陵，只在墓前立下了一块近8米高的无字石碑，经受着人世间的雨雪风霜！

有人说，她要留着这块空白，功过是非任后人评说；也有人说，她一生拜佛，最后终于悟出了"空"的真谛……

龙门石窟唐代造像的鼎盛时期，也随着武则天的逝去而黯然落幕。这个半途而废的工程正是那段历史的真实写照，那个精美的佛面永远留在了那些远去的唐代工匠们的脑海中。一个繁花似锦的时代留给我们的只剩一个华丽而沧桑的背影！

庐山国家公园

烟波浩渺的鄱阳湖水光潋滟,湖边居住的人家大都以打鱼为生。

一千六百年前,一位渔夫曾来过这里。当他沿着溪边的小路走进一片茂密的桃花林时,迷失了方向。在桃花林的深处,他发现了一片自己从未见过的地方,恍若梦中的他仿佛踏入了一方天国乐土:这里的人们过着和谐恬淡的生活,没有战争,没有痛苦,甚至不知道时代的更替。

这是一个文人虚构的故事,而正是这个故事让这座山在后来的时光里名声大振。

这个文人叫陶渊明。

这个故事叫《桃花源记》。

而这座山就是庐山。

庐山的名字由来充满了神秘的色彩。相传,古代有一个叫匡俗的人在此修炼，得道后羽化成仙。当人们闻讯赶来的时候，匡俗早已飘然而去，只留下一座空空的房子。庐，就是房子的意思。从此，这座山被称作"庐山"，别名"匡庐"。

两千多年来，庐山一直被一层神秘玄妙的宗教氛围笼罩。但是，真正让庐山举世闻名的，不是那些弃庐飞升的仙人，而是筑庐隐居于此的文人墨客。

陶渊明在庐山写下了那篇著名的《桃花源记》。在他的笔下，庐山成为中国早期的乌托邦。一千多年来，庐山是不得志的文人雅士们逃避现实、渴望隐居的世外桃源。陶渊明一生执着的田园梦想，也成为中国历代文人反抗乱世、避退归隐的旗帜。

循着陶渊明的足迹，无数的文人尽情地徜徉于山水之间，卸掉心灵的重负，用诗文来抒发自己的情怀，寻找生命的本真和自由的灵魂。在陶渊明去世后，庐山经受了中国传统文化深刻的浸染与洗礼，成为历史上闪耀着人文主义光芒与浪漫主义精神的一座文化名山。

在庐山五老峰的脚下，有一个三面环山的地方，一条小溪潺潺流过，苍松翠竹间，隐约可见一排巍峨的古代建筑，这就是中国古代读书人心中的圣地——白鹿洞书院。

白鹿洞书院

与古代的欧洲相比,中国并没有成熟的大学教育体系,但是古代的书院兼有研究与教育的双重功能,类似西方的大学。而白鹿洞书院就是中国最早的大学。

书院初创于公元940年,北宋末年毁于战火,后经南宋理学家朱熹不懈的努力,重新扩建,并在此开坛设讲,弘扬理学,使其成为中国古代四大书院之首、海内第一书院。

如果说陶渊明用《桃花源记》为中国文人搭建了一个隐逸出世的精神家园,那么朱熹则用白鹿洞书院为天下读书人构筑了一个治国济世的思想殿堂。

白鹿洞书院以其严谨的治学传统、坚定的道统担当、合理独特的管理制度成了中国传统文化精神的最佳载体，而且一直是宋明理学的中心学府，许多鸿儒国士都曾在此授业讲学。庐山地方志曾这样记载："书院名士云集，生徒众多，师尊学谦，俨如学城。"

正因为和谐开明的治学理念，四百多年前，在这所正统的中国书院中，有了最早的外籍客座教授，1595年至1598年，著名的意大利传教士利玛窦多次来这里讲学。

利玛窦将一个闻所未闻的世界介绍给书院里的学生，为传统的中国文化注入了些许新鲜的空气。不知当时授课的利玛窦是否知道，他的到来，代表着庐山传统文化与西方异质文化的第一次碰撞，这为后世西方文明顺利地融入庐山，开了一个好局。

庐山虽然不高，风景却独具特色，自古便有"匡庐奇秀甲天下"的美誉。古人对山的审美取向，早已有一个评定的标准："山之骨在石，山之趣在水，山之态在树，山之精神在峭、在秀、在高，有一于此，方足著称。"再看庐山，这里的石、水、树，兼而有之，其骨、其趣、其态，无一不佳，尤以瀑布闻名四海。

1200多年前，李白曾以"望庐山瀑布"为题，

庐山瀑布

吟诵出"飞流直下三千尺,疑是银河落九天"的千古绝唱。气势磅礴的三叠泉,落差155米,水为岩石所阻,分成三级,每级各具特色,上级若飘雪拖练,中级如碎石摧水,下级如玉龙走潭,堪称奇观。

庐山之美,不仅在于它的自然风光,更在于庐山山巅有一座由几百栋别墅构成的云中之城。这一切的由来,源自一个充满人文主义理想的英国人。

这个英国人是一名传教士,中文名字叫李德立。1894年,一个春日的午后,李德立沿长江而上,在九江下船后直奔庐山。他这次上庐山,是想为在中国工作、生活的外国人寻找一处夏天避暑的清凉之地。

当翻过一座山头之后，李德立眼前一亮。这里地势平坦，植被茂密，气候凉爽，环境幽雅，正是修建别墅区的上选之地。于是，李德立马上从清政府那里租下这片地方，并为它取名为cooling，意为"凉爽"，其中文名就是后来鼎鼎大名的牯岭。

李德立是一位头脑精明、眼光独到的商人，牯岭的开发，让他获得了巨大的利益。但是大家也不得不承认他是一名有品位的商人，在售地的协议中，李德立规定：每块地上建筑的房屋，其面积不得超

牯岭建筑群

过土地面积的15%；建筑风格必须体现本国的建筑艺术特色。最重要的一点，他强调"以尊重自然为最高法则"，建筑要和周围的自然环境相协调。如果设计与自然相抵触，则要修改或者牺牲设计，保护自然环境。

牯岭别墅群今天尚存别墅六百栋，在其鼎盛时期，这里的别墅有近千栋。它们体现了欧美十八个国家的不同风格。其中既有英国券廊式建筑、巴洛克式建筑模拟品，又有哥特式建筑遗风；既有巴西里加的模拟品，又有文艺复兴时代风格的建筑，犹如一座精深、博大的万国建筑艺术博物馆。

耶稣升天教堂是牯岭最早的基督教堂，这是一座典型的哥特式建筑，始建于1910年，面积虽然不大，但整体布局合理、紧凑。教堂最早的主人是一位名叫赛兆祥的美国传教士，也许这位老人并不为人们所熟知，但是，他却有一个在中国知名度很高的女儿，这个女孩的英文名叫珀尔，中文名叫赛珍珠。

赛珍珠的童年和少年大部分的时间都在中国度过。每年夏天，她都会到牯岭游玩，庐山给了她了解中国文化最初的启蒙，这为她日后的创作提供了充足的养分。

1922年8月,赛珍珠在庐山开始了她真正意义上的写作。在这里生活了十多年的她,在庐山上完成了后来为她争得诺贝尔文学奖巨大荣耀的小说——《大地》。赛珍珠在这部小说中细致地描写了牯岭的一草一木和山山水水,充满着对庐山的怀念。

　　庐山上的庙都不大,也并不是很起眼,但是人们都说很灵。一位法号慧远的和尚,在庐山筑庐传法,给庐山带来了巨大的声誉。

　　东晋初年,北方战乱频繁,烽烟四起,民不聊生。一心寻求真法的慧远渡过长江,辗转来到庐山。

　　在定居庐山后的三十六年间,慧远迹不入俗,影不出山,孜孜为道,务在弘法。他以东林寺为居所,潜心研读佛教典籍,将佛学中的哲理融儒、道、佛于一炉,主张"内外之道,可合而明"。慧远在佛学上的最大贡献,在于他凭借自身极高的儒释道三方面的学识,糅合世俗与空门,努力调整佛教与儒家的关系,将儒家的一些礼仪作为广大僧尼的行为准则,开创了净土宗。

　　东林寺,也因慧远的关系,修筑得规模浩大,气势恢宏,堪称江西佛教丛林之冠,被誉为"道德居所,净土之源"。

　　由于佛法被大力宣扬,鼎盛时期,庐山有361

庐山仙人洞

座寺庙，可谓是"无限青山行不尽，白云深处老僧多"。

庐山著名的道教圣地是仙人洞。所谓的仙人洞，早先只是一个因为流水长期冲刷而形成的天然洞窟。相传，唐代名道吕洞宾曾在洞中修炼，直至得道成仙。后人为奉祀吕洞宾，才将其起名为"仙人洞"。洞旁的山岩下，建有一栋斗拱彩绘、飞檐凌空的殿阁，名为"老君殿"，内供有太上老君李聃的雕像，整日香烟缭绕，是庐山道教的福地洞天。

在上千年的时光中，庐山能够同时被佛、道两家宗教的大师慧眼相中，辟为传法授徒的道场，绝不是偶然的，这与中国的风水文化有着密切的联系。

庐山外靠长江，内依鄱阳湖，这种得天独厚的地理位置，被传统的风水学解释为：庐山居其中，长江翼其前，有青龙象；鄱阳湖拥其后，为白虎形。这是风水学中所说的吉星福地，而且庐山独特的形、势、理、气，更是自成一条龙脉。

不过，再好的风水也难保庐山的香火长盛不衰。元明时期，连年战乱，净土宗日渐式微，整座庐山只剩下一座道观、两座寺庙。佛、道两教逐渐衰落。直到19世纪末期，才又得以复苏，而此时，庐山正经历着一段重大的宗教变化时期。由于西方文明的传入，基督教、天主教、东正教、伊斯兰教也先后进入庐山。

晨钟暮鼓伴随着教堂里唱诗班的歌声，在庐山上空飘荡。一山兼具六教，成了庐山一道独特的文化景观。

庐山是一座神奇的山。历史上的大悲大喜早已铸就了它忧郁内敛、处事不惊的气质。漫卷的烟雾辗转腾挪、升腾变化，在虚无缥缈中，庐山继续演绎着自己千年不变的生命传奇。